青蓝工程
学科教案评析系列

全国优秀学科教案评析

QUANGUO YOUXIU XUEKE JIAOAN PINGXI

初中地理

CHUZHONG DILI

教育部教育管理信息中心 组编

西南师范大学出版社
全国百佳图书出版单位 国家一级出版社

图书在版编目（CIP）数据

全国优秀学科教案评析．初中地理／教育部教育管理信息中心组编．—重庆：西南师范大学出版社，2016.9

ISBN 978-7-5621-4961-3

Ⅰ.①全…　Ⅱ.①教…　Ⅲ.①中学地理课—教案（教育）—初中　Ⅳ.①G633

中国版本图书馆 CIP 数据核字（2016）第 226750 号

青蓝工程系列丛书

编委会主任： 曹志祥　周安平

策　划： 森科文化

全国优秀学科教案评析·初中地理

教育部教育管理信息中心　组编

责任编辑： 张燕妮

特约编辑： 张晓兰

封面设计： 天之赋设计室

出版发行： 西南师范大学出版社

地址：重庆市北碚区天生路 1 号

邮编：400715　市场营销部电话：023—68868624

http：//www.xscbs.com

经　　销： 新华书店

印　　刷： 重庆共创印务有限公司

开　　本： 720mm×1030mm　1/16

印　　张： 11.75

字　　数： 192 千字

版　　次： 2016 年 9 月　第 1 版

印　　次： 2016 年 9 月　第 1 次印刷

书　　号： ISBN 978-7-5621-4961-3

定　　价： 30.00 元

前　言

教育信息化是国家信息化的重要组成部分，具有基础性、战略性、全局性的地位。党的十八届三中全会提出了深化教育领域综合改革和加快推进教育信息化的明确要求。习近平总书记强调，“没有信息化，就没有现代化”。“以教育信息化带动教育现代化”是推进我国教育事业改革与发展的战略选择，也是教育信息化促进教育公平、提升教育质量的有效途径。国务院总理李克强也在政府工作报告中提出“制定‘互联网＋’行动计划”，再次掀起了互联网热潮，包括互联网教育在内的新业态正在形成。

为了在中小学教师中普及信息技术，提高广大教师在课堂教学中正确运用互联网、高效率利用优质网络教育资源的能力，教育部教育管理信息中心自2009年起组织开展了四届全国中小学“教学中的互联网应用”优秀教学案例评选活动。活动得到了各级教育行政部门、各地教育信息中心、电教馆的大力支持，学校积极组织，教师踊跃参与。在全国35个城市举办了47场培训活动，免费培训指导教师近2万人，总共收到全国30个省、市、自治区的36万余份教学案例，涵盖了小学、初中、高中各个学科，这些作品都经过了教师们的认真构思、设计、实践、反思，真实地反映了课堂教学现状和教师的专业水平。最终，评选出各年段、各学科的优秀作品。这些作品较好地体现了教师在教学中对互联网的应用，具有较高的参考价值和借鉴意义。活动结束后，很多中小学校和教师来电来函希望将大赛优秀作品集结成册进行出版，以方便中小学一线教师进行查阅、学习和交流。为此，我们本着精益求精的原则，在所有获奖作品中，分别遴选出小学、初中、高中各个学科的优秀作品，并邀请专家对这些作品逐一加以点评，汇集成册。

衷心希望这些优秀作品的出版能够促进信息技术与教学的深度融合，加强交流与分享，为教与学的变革和教师的专业化成长提供参考！

编者

2015年12月

目　　录

以活动引导高效课堂
——“海陆的分布”教案及评析

王 静①

教学背景

教学课时：1课时

教学准备：

1. 学生：预习新课。

2. 教师：通过互联网搜索相关素材，制作多媒体课件。

教学目标

1. 了解海陆分布的特点，明确七个大洲的位置、轮廓、面积及主要洲界线；掌握四大洋的面积排名及位置。

2. 通过读图掌握地理事物的分布情况，通过分析、对比获取知识。

3. 通过“两小儿辩‘球’”活动，培养大胆质疑、勇于创新的科学精神。

4. 培养热爱地球、保护地球的情感。

教材分析

本课主要介绍海陆分布、七大洲和四大洋，这些内容是世界地理的基础知识。教材开门见山地点出了全球海陆分布的大势，紧接着以学生思考、讨论的形式，结合图像、数据，说明无论怎么划分，地球上任何两个面积相等的半球都是海洋面积大于陆地面积，较好地实现了“运用地图和数据，说出地球表面海、陆所占比例，描述海陆分布特点”的课标要求。

---

① 王静，山东省德州市平原县第二中学。

七大洲知识琐碎，对此，教材一是采用图文整合的呈现方式，尽量减少文字叙述；二是通过“读图”和“活动”两个栏目，帮助学生掌握知识，使学生对七大洲的分布形成直观印象，同时培养学生的观察能力和动手能力。

对四大洋知识的介绍，教材安排了图表和阅读材料。先通过图表的形式呈现四大洋的面积，使学生对四大洋有初步的了解，再利用阅读材料，让学生明确相关概念，同时开阔学生的视野，丰富学生的知识。

教学重难点

通过读图掌握地理事物的分布，通过分析、对比获取知识。

教学方法

读图分析法、小组合作讨论法、对比探究法。

教学过程

一、视频导入

师：“嫦娥二号”于2010年10月1日18时59分57秒在西昌卫星发射中心成功升空，中国探月工程二期揭开序幕。让我们通过视频一起重温这激动人心的时刻，大家边看视频边观察太空中地球的样子。

（播放视频《“嫦娥二号”探月卫星发射》。）

二、新课教授

1. 海陆分布

活动一：读图分析，获取知识

读海陆面积比例示意图及地球的照片，明确陆地和海洋所占地表总面积的比例，并概括为“七分海洋，三分陆地”。

活动二：两小儿辩“球”

根据教材中的“思考”栏目——关于“地球”与“水球”的争论——有人认为，既然海洋面积比陆地面积大得多，就应该叫“水球”；有人认为，“地球”的名字已经被人们普遍接受，没有改名的必要。将学生分为两组：正方代表“地球组”，反方代表“水球组”，双方辩论，每组为自己的观点提出证据。

活动三：有趣的发现

学生分为三个小组读半球的海陆分布图：一组探究东西半球，一组探究南北半球，一组探究陆半球和水半球，分别探究各个半球的海陆所占比例。

得出结论：无论怎么划分，地球上任何两个面积相等的半球都是海洋面积大于陆地面积。

2. 七大洲

活动一：认识“七兄弟”

学生读七大洲分布图，明确各大洲的位置。

教师指出赤道的位置，学生进一步明确赤道穿过的大洲有哪些。

合作探究：跨经度最广的大洲是哪个。

（课件出示南极洲经纬网图。）

学生读图，形象感知跨经度最广的大洲——南极洲，化抽象为形象，突破学习难点。

活动二：“七兄弟”排序

辨轮廓，认大洲，并根据口诀“亚非北南美，南极欧大洋”来记忆七大洲由大到小的面积排名。

活动三：“兄弟”亲又亲（明确洲界）

口诀记忆亚、欧两洲的分界线：乌拉尔山河，里海（大）高加索，黑海土耳其（海峡），亚欧分仔细。

明确苏伊士运河和巴拿马运河分别是亚洲与非洲、南美洲与北美洲的分界线。

（播放视频《1869 年苏伊士运河正式通航》《世界十大奇迹 TOP4：巴拿马运河》。）

活动四：潇洒走世界

（出示七大洲分布简图。）

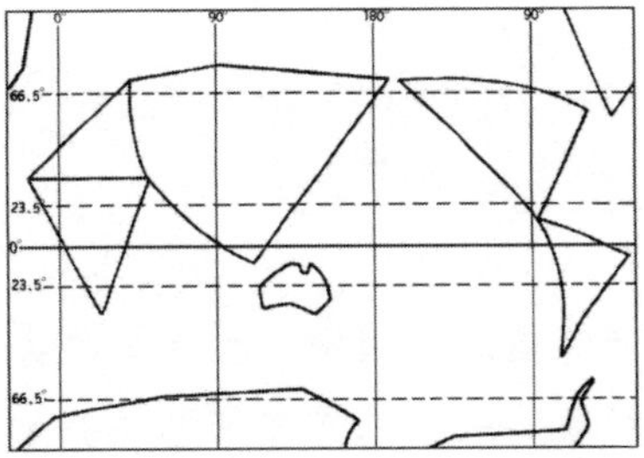

学生仔细观察后，画七大洲分布简图。

3. 四大洋

活动一：了解“四姐妹”

（出示世界海陆分布图。）

明确四个大洋的相对位置。

读教材中的四大洋面积比例图，通过口诀“太大印北，四洋贯通”记忆四大洋由大到小的面积排名。

活动二：角色扮演——兄弟姐妹一家人

选七名男生代表七大洲，四名女生代表四大洋，然后将世界海陆分布图放在地上，让这十一名学生根据七大洲和四大洋的海陆位置，站在自己所代表的大洲或大洋的相应位置上，并分别向大家做简单的“自我介绍”。

活动三：竞聘“小导游”

师：随着人们生活水平的提高，全球掀起了旅游热潮，环球公司因业务扩大，现招聘“小导游”，希望同学们积极参与！

初级小导游：

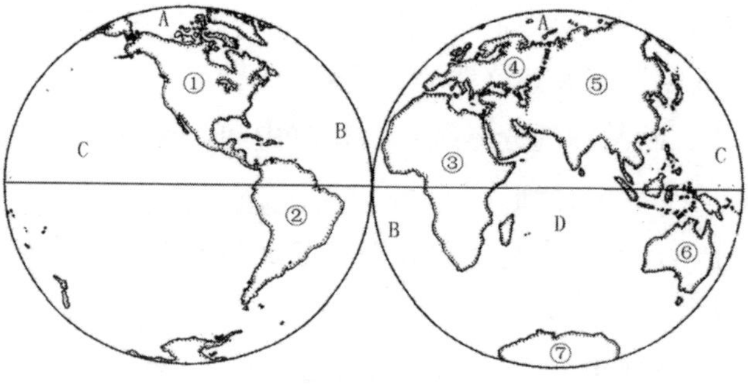

（1）读图，说出数字序号代表的大洲名称。

①________，②________，③________，④________，⑤________，⑥________，⑦________。

（2）读图，说出字母代表的大洋名称。

A ________，B ________，C ________，D ________。

中级小导游：

近几年，索马里海域海盗活动猖獗，在联合国协调下，2010 年 3 月 4 日上午，中国海军第五批护航编队从三亚某军港码头解缆起航，赴亚丁湾、索马里海域接替第四批护航编队执行护航任务。

（出示我国海军护航编队航线图。）

（1）三亚所处的大洲为（　　）。

A. 非洲　　B. 欧洲　　C. 亚洲　　D. 大洋洲

（2）索马里海域位于四大洋中的（　　）。

A. 太平洋　　B. 大西洋　　C. 印度洋　　D. 北冰洋

高级小导游：

（出示南北半球图。）

（1）环绕北冰洋的大洲：________、________和________。

（2）环绕南极洲的大洋：________、________和________。

三、课堂小结

（播放音乐视频《我和你》。）

师：七大洲和四大洋都是地球母亲的孩子，我们同住地球村，作为地球村的村民，我们要共同把我们的母亲——地球保护好、建设好，让她成为宇宙中最璀璨、最美丽的星球！

教学反思

本节课教学以让学生有效参与为宗旨，让学生始终在自主学习、有效参与的过程中，掌握知识和技能。

我在课堂上不仅充分利用了教材，还挖掘网络中与本课内容相关的资源，激发了学生的学习兴趣，开拓了学生的视野，真正做到了资源共享，“源”尽其用！

“路漫漫其修远兮，吾将上下而求索。”在今后的教学中，我会继续努力提高自己的教育教学水平。

（所获奖项：一等奖）

专家点评

本节课教学在充分利用教材的基础上，挖掘了大量网络资源，帮助学生更好地完成了教学重难点的有效内化，真正实现了信息技术手段与地理教学的有效结合。教师能够结合初中地理的特点，设计合理的教学目标、教学活动，促进了教学目标的达成及教学活动的高效开展。

本节课教学目标落实到位，通过“两小儿辩‘球’”“认识‘七兄弟’”“了解‘四姐妹’”等活动，使学生明确说出了七个大洲的位置、轮廓、面积排名及主要洲界线，四大洋的面积排名及位置特点。在整节课的教学中，学生真正成为课堂的主人，并在教师的引导下，积极参与到有意义的教学活动中来，通过辩论深入了解了地球的基本构成，通过“兄弟姐妹一家人”活动，进一步明确了海洋和陆地相间分布的状况，通过“竞聘‘小导游’”活动，巩固了本节课所学知识。总体来说，这是一节优秀的地理课。

（点评人：北京师范大学石家庄附属学校　米亚会）

在自主学习中感受快乐
——"西北地区"教案及评析

孙贵玲[①]

教学背景

教学课时：1课时

教学准备：

1. 学生：通过互联网搜索有关西北地区的资料。

2. 教师：搜索相关素材，制作多媒体课件。

教学目标

1. 能说出西北地区的位置、范围、面积、人口和民族。

2. 掌握西北地区主要的山脉、盆地、平原、高原、河流、荒漠的分布以及与其接壤的国家。

3. 能分析西北地区自然环境的主要特征、形成原因及景观的变化。

4. 知道西北地区的主要畜牧业基地、绿洲农业的分布及灌溉水源、矿产及矿产地的分布。

5. 知道西北地区主要的铁路干线及其对当地经济的影响。

6. 培养读图、填图能力，提高收集资料、处理资料和分析解决问题的能力。

教材分析

本节课是一节复习课，教材主要分两部分对西北地区进行了介绍：第一

① 孙贵玲，山东省潍坊市滨海经济开发区滨海三中。

部分侧重分析西北地区自然环境的主要特征；第二部分主要介绍西北地区农牧业的特点。教材安排了大量的图片和文字材料，教师可以适当利用这些图片和文字材料培养学生的观察能力和问题分析能力。

教学重难点

掌握西北地区的地形、自然特征、经济及西部大开发和生态问题。

教学方法

多媒体辅助教学法、自主学习与合作学习相结合教学法。

教学过程

一、情境导入

（播放视频《西北地区的地形及自然景观》。）

课件出示：

大漠孤烟直，长河落日圆。——王维《使至塞上》

黄河远上白云间，一片孤城万仞山。羌笛何须怨杨柳，春风不度玉门关。——王之涣《凉州词》

播放视频后出示唐诗，引导学生判断唐诗中所描绘的是中国四大区域中的哪个区域，并说明判断依据。教师展示中国地理分区图，指导学生从纬度和海陆位置两个方面来分析西北地区的位置。

二、自主探究

1. 自主学习

（出示西北地区地形图和西北地区位置图；出示自主学习目标。）

学生读西北地区地形图和西北地区位置图，自主学习课本内容，自主学习时产生的疑问在学习小组内讨论解决。对于学习小组无法解决的问题，教师引导学生共同解决。

2. 合作学习

活动一：分析西北地区的地形特征

（出示西北地区的位置和地形图。）

师：你知道图中标有数字的地形名称吗？通过读图你能说出西北地区的

地形特征吗？

（学生分析西北地区的地形特征。）

活动二：了解西北地区的主要矿产资源

（出示西北地区主要矿产分布图。）

师：你知道图中标有数字的矿产地的名称吗？

（教师指导学生读图，引导学生回答矿产地的名称，注重引导学生掌握记忆矿产地的方法，如用矿产地的第一个字组成谐音来记忆内蒙古东部的三个煤矿。）

活动三：了解西北地区的自然特征

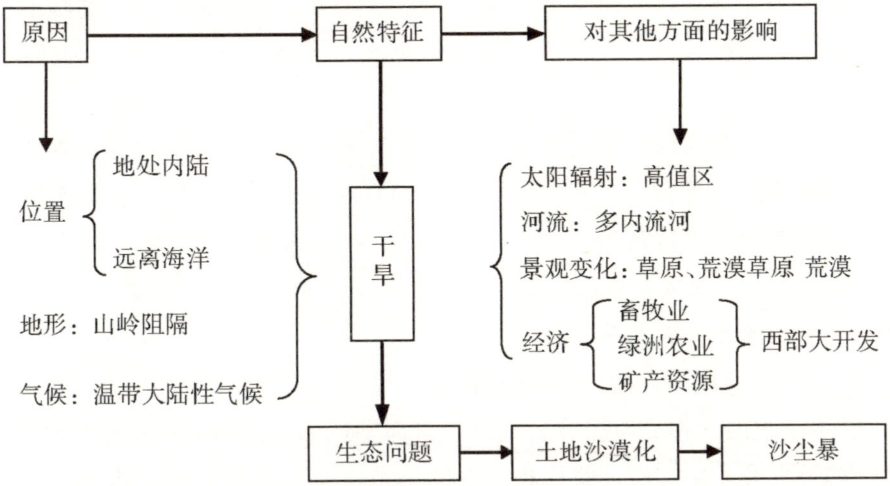

（教师以西北地区的自然特征为线，引导学生分析西北地区干旱的原因和干旱对西北地区其他方面的影响。）

（播放视频《西北地区的景观变化》。）

（课件出示下图。）

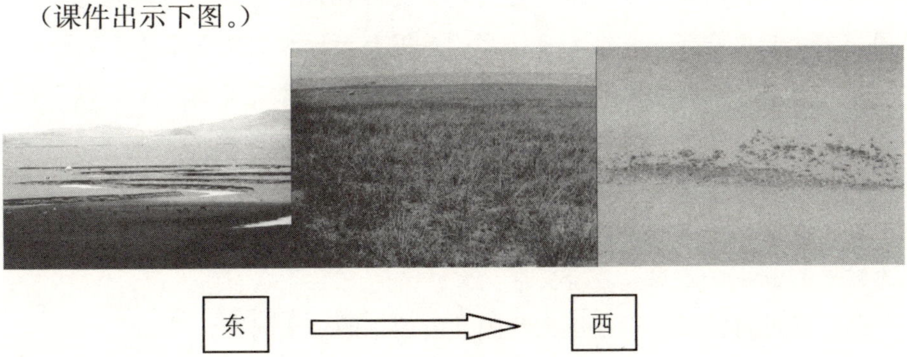

（教师引导学生分析西北地区景观变化的规律和原因，注意强调方向性的变化。）

通过分析干旱对经济的影响，学生知道了西北地区在干旱这一自然环境影响下主要发展了畜牧业、绿洲农业和采矿业。

活动四：合作探究

出示资料：

我国正在实施西部大开发战略，西北地区的不少建设工程已被列为国家重点建设项目。比如，石油和天然气的开发，中心城市和科技创新基地的建设，交通运输和通信设施的改善，新疆长绒棉、优质瓜果和畜牧业生产基地的扩大等。为了加速西北地区的发展，国家在人力、物力和财力上都给予了很大支持。西北地区的开发建设，必须协调人地关系，注重保护生态环境，走可持续发展之路。

西气东输工程包括天然气资源开发、输气管道铺设、输气管道干线建设以及各种配套建设等相关工程。西部地区蕴藏着22.4万亿立方米的天然气资源，每年可向东部地区输气120亿立方米。西气东输工程将铺设两条直径1.5米的主干输气管道，西起新疆塔里木的轮南气田，往东直通南京、上海，成为横贯中国的能源大动脉。

师：根据资料中的信息，请你帮助老师设计几个问题。

（学生小组内互相交流设计的问题，进而掌握关于西部大开发的知识。）

由西部大开发中“应注意保护当地的生态环境”引入对西北地区生态问题的探究。

3. 探究拓展

出示材料：

近年来，我国北方部分地区连续发生大面积沙尘暴，与往年相比，发生时间提前，频次增加，程度加重，影响范围大，给人们造成了严重的影响。

据环保总局有关专家介绍，我国沙尘暴与荒漠化有着密切的联系。近年来在我国部分地区多次出现大范围浮尘天气是由气候干燥、降水少、气温偏高、地表松散、土质疏松等引起的。甘肃东部、内蒙古西部等地植被覆盖率低，表土裸露，受强气流作用，地面尘土被卷起悬浮于天空之中，并且随气流漂移至其他地区，形成沙尘天气。

（1）通过材料试分析近年来我国北方面临的环境问题。

（2）你能分析出上述环境问题的人为原因吗？

（3）你能谈谈上述环境问题带来的危害吗？

（4）围绕这一环境问题，你能提出一些切实可行的办法吗？

（教师引导学生以小组为单位对这一材料中的问题进行探究，使学生能联系实际运用地理知识。）

三、课堂小结

师：谁能说说这节课我们学习了什么内容？

（学生小结本节课所学内容，并查漏补缺。）

四、巩固反馈

1. 西北地区的气候类型是__________________，自然环境的主要特征是____。

2. 西北地区的地形以______________、_____________为主，这里有我国最大的盆地___________，最大的沙漠______________。

3. 西北地区的河流多为内流河，这里有我国最长的内流河__________，也有我国唯一注入北冰洋的河流_______________。

4. 在我国“十五计划”的四大工程中，西起西北地区的是_________________________，它主要利用的是这一地区的______________资源。

（巩固反馈环节中的试题由学生独立完成，然后小组内互相矫正，并把完成的情况反馈给教师。）

五、课后活动

师：请大家利用课余时间收集有关沙尘暴的资料，合作出一期关于沙尘暴的地理手抄报。

（资料收集方法：阅读有关书籍、上网查询、实地调查等；资料类别：地理专业知识资料、实地考察资料、图片景观资料等。）

教学反思

复习是教学的重要环节。如何调动学生复习的积极性，是值得探究的问题。这两年来，我以自主学习、合作学习为主带领学生进行复习，激发了学生的兴趣，取得了良好的教学效果。通过“西北地区”复习课的授课情况和反馈情况，我认为自己做到了以下几个方面。

1. 注重学生的自主学习，注重让学生在观察、探索中发现规律。如有关西北地区矿产资源的知识比较容易混淆，学生发现了用谐音来区分煤矿的方法，如内蒙古东部的伊敏河煤矿、霍林河露天煤矿、元宝山露天煤矿，可以利用它们各自的第一个字即“伊霍元”——“颐和园”来记忆，这样不仅记住了这三个煤矿的名称，而且记住了这三个煤矿由北向南的位置顺序。我在教学中有意识地锻炼学生的观察能力，让学生通过观察、探索，去发现规律、进行记忆，既减轻了学生学习的负担，又提高了学生学习的效率。

2. 注重学生的自主学习，体现了“学生是学习的主人，教师是学习的组织者、引导者与合作者”。在地理教学中，教师既可以指导学生利用地图和空白图加强空间位置的记忆，还可以让学生分析资料，增强分析、整理资料的能力。如在合作探究活动中，我让学生根据资料中的信息设计几个问题，这不仅激发了学生的兴趣，还培养了学生的自主探究能力。

3. 教学中，问题的设计注重与实际情况相联系。如西部大开发的探究和沙尘暴问题的设计，目的是引导学生将地理知识运用于实际生活。

在这节课中，还有一些亟待完善的地方。

1. 对基础知识巩固的力度较小，应使学生加强练习。

2. 课堂时间把握不准，学生正讨论、争论得兴致勃勃，下课铃却响了，在此方面有待提高。

（所获奖项：一等奖）

专家点评

在教学中，复习课一直是使广大一线教师感到困惑的课型，主要的问题在于相关知识在新授课上已经讲过，因此上复习课时不知道如何再次讲解才能激发学生持久的兴趣。该教师很好地解决了这个问题。

教师在梳理知识点的基础上，充分挖掘互联网中与西北地区相关的网络资源，以此吸引学生的注意力，激发学生的学习兴趣，从而实现了信息技术手段与地理教学的有效融合。各个教学环节都体现了“以学生为主体，以教师为主导”的教学理念，让学生在教师的引导下真正成为课堂的主人。教师引导学生通过自主学习（如西北地区的地形和位置等基本知识）和小组合作探究学习（如自主学习遇到问题时小组讨论解决，西部大开发的资料分析，沙尘暴的治理）形成对知识的系统性认识。在一系列有效的教学活动之后，教师适时提出了拔高性的问题，如请学生根据西部大开发战略资料中的信息设计几个问题，使学生将学到的知识进行整合并灵活运用，完成了自身的知识内化。在本节课的最后，教师引导学生灵活运用知识解决目前实际面临的生态问题，使学生学以致用，了解了地理在生活中的广泛应用及价值。

（点评人：北京师范大学石家庄附属学校　米亚会）

分组学习让课堂更高效
——“中东”教案及评析

彭恩华[①]

教学背景

教学课时：1课时

教学准备：

1. 学生：围绕本组分配的主题进行组内分工；组员结合自己的任务展开调查研究，收集相关资料；各组组长汇总资料，进行整理，撰写调查报告，并安排好小组主发言人。

2. 教师：把学生分为四组，分别为历史追溯小组、石油探测小组、水源挖掘小组和文化调查小组，并分别就四个主题展开调查；帮助各小组设计相关的资料呈现方法。

教学目标

1. 了解中东地区战乱、冲突不断是深刻的历史根源、资源争夺、文化差异及国际上各方利益冲突等多种因素共同作用的结果。

2. 通过分组调查，培养自主学习能力和团结协作意识。

3. 提高应用互联网搜索资料的能力。

教材分析

本节课以中东热点问题为出发点，然后分别从地理位置、丰富的石油资源、匮乏的水资源、文化差异四个方面进行了简单的介绍，此外教材中还有

---

① 彭恩华，江苏省镇江市第九中学。

大量图片和活动，因此，比较适合让学生自主学习。

本节课图文资料较多，信息量大，教师很难在一节课中呈现如此多的信息，然而如果按大纲要求分两节课进行教学，又会割裂其完整性，所以这节课选择让学生自主探究学习。课前根据教材内容把学生分为四个小组，每组负责一个主题，组员在组长的带领下分工合作，通过互联网查阅大量的有关资料，并对资料信息进行加工，然后在课堂上呈现。

教学重难点

理解地理位置、资源特点和宗教差异等为中东地区带来了冲突。

教学方法

自主学习法、合作探究法。

教学过程

一、视频导入

（播放视频《叙利亚多地暴力冲突　两千人逃亡黎巴嫩》。）

师：视频中发生暴力冲突的国家位于哪个地区？

生：中东地区。

师：据不完全统计，第二次世界大战至今，发生在中东的局部战争和较大规模的武装冲突约占全球的四分之一。

（投影：中东频繁的战争。）

师：这是一片连接欧亚非三洲的土地，多个民族在这里汇聚。中东地区的各民族仍然保留着自己的宗教信仰和风俗习惯，犹太教、基督教、伊斯兰教三大宗教均发源于此。战争与和平、东方与西方、历史与现实在这里交汇，民族矛盾、宗教纠纷、领土争端、资源争夺、帝国主义和殖民主义的侵略与压迫，使这片土地长期动荡不安、战火连绵。下面我们一起来学习“中东”。（板书：中东）

二、小组汇报，共同学习

（学生通过互联网搜索“中东”，了解、分析中东的地理位置。）

师：中东地处联系亚欧非三大洲、沟通大西洋和印度洋的枢纽位置，自古以来就是东西方的交通要道，地理位置十分重要。请同学们从中东在世界中的位置图中找出“三洲”“五海”“一运河”。（板书：三洲五海之地）

（学生自主寻找“三洲”“五海”“一运河”。）

师：特殊的地理位置、深刻的历史根源、丰富的石油资源、匮乏的水资源、多样的民族文化，使得中东成为冲突不断、战乱频发的地区。下面我们先来了解一下导致中东冲突不断的深刻历史根源。首先请历史追溯小组的代表发言。（板书：深刻的历史根源）

（历史追溯小组代表发言，主要介绍犹太人建国的历史。）

（出示文章《中东问题的由来与发展》。）

师：中东问题有其历史根源，历史追溯小组的代表为我们做了翔实的介绍，感谢全体组员的辛勤劳动。下面我们来了解一下中东丰富的石油资源。有请石油探测小组的代表发言。

（投影：丰富的石油资源。板书：为石油而战。）

（石油探测小组代表介绍中东石油资源的特点及分布，并分析中东的石油资源对世界的影响。）

小组问题：中东石油资源最丰富的是哪个海湾？

（学生回答。）

师：石油是工业的“血液”。中东所产的石油绝大部分通过海洋运往西欧及美国、日本等发达国家，对世界经济的发展具有重要影响。下面有请水源挖掘小组为大家介绍中东匮乏的水资源。

（投影：匮乏的水资源。板书：为水而战。）

（水源挖掘小组代表描述中东水资源的分布特点，分析由于水资源分布不均加剧了土地争夺战。）

小组问题：中东水资源最丰富的是哪个国家？

（学生回答。）

师：与丰富的石油资源相比，中东地区的水资源十分匮乏，为什么水资源会如此匮乏呢？

生：主要是因为气候干燥，河流稀少。

师：这位水源挖掘小组成员的回答是正确的，请看投影。

（出示亚洲的气候类型图，引导学生读图，分析中东气候形成的原因。）

师：中东地区降水较少，再加上气温高，蒸发旺盛，所以水资源显得十分珍贵，所以说，中东地区“水比油贵”。感谢水源挖掘小组。下面有请文化调查小组的代表来为我们介绍中东地区的文化差异。（板书：文化差异）

（文化调查小组代表描述中东民族、宗教的特点，分析民族、宗教差异给中东带来的影响，并展示一系列图片。）

小组问题：伊斯兰教、基督教、犹太教三大教的圣城是哪个城市？

（学生回答。）

师：中东是犹太教、基督教、伊斯兰教三大宗教的起源地，各个民族在这里汇聚，不同的民族有着不同的文化习俗和宗教信仰，文化上的差异也是中东不安定的因素之一。感谢文化调查小组的精彩发言！

三、课堂小结

师：下面我们对本节内容做一个小结。

（边讲边板书关系图。）

四、拓展阅读

师：课下同学们可以通过互联网搜索《曲折的中东和平进程》《巴以冲突》等与中东相关的文章进行阅读，加深对中东地区的认识。

教学反思

成功之处：从课堂教学中可以看出，学生参与积极，准备充分，突显了主体地位，提高了应用互联网收集、整理信息的能力和自主学习、合作探究的能力，通过汇报锻炼了表达能力。

不足之处：学生在呈现材料方面（如对资料的取舍和再加工）细化得还不是太到位，对某些知识点的表述不够准确；主发言人与其他同学的交流太少，成了少数人的“一言堂”，而大多数学生只是听众，因此在交流方面应对学生进行引导；学生在某些话题上产生分歧后导致课堂秩序有些失控，今后还需要加强对课堂的调控。

（所获奖项：一等奖）

专家点评

本课教学充分体现了“以学生为主导，以教师为主体”的教学理念，整节课学生都处于认真准备、积极参与的状态，在准备过程中强化了收集、加工、处理信息的能力，在小组探究及汇报过程中提高了自主学习能力和小组合作能力。教师和学生都利用互联网查找了大量相关的教学资源，更好地完成了对重难点知识的学习，最大限度地实现了信息技术手段与地理教学的有效结合。教师敢于将学习的主动权交还给学生，在预习环节，教师让学生分为历史追溯小组、石油探测小组、水源挖掘小组和文化调查小组四个小组，分别探究了中东的历史根源、石油资源、水资源、文化差异等，课堂上让各小组就自己的探究主题进行汇报，通过知识共享解决了由于内容多教师无法在单位时间内完成教学的问题。这是值得肯定的。

本节课的教学框架清晰、明了，学生通过本节课的学习不仅能学到有关中东的知识，还能掌握探究知识的方法，这对于学生来说也是非常重要的。

（点评人：北京师范大学石家庄附属学校　米亚会）

地理教学中，读图解难题
——“中国的行政区划”教案及评析

张占伟[1]

教学背景

教学课时：1课时

教学准备：

1. 学生：预习新课，了解中国的行政区划；做一幅中国政区拼版图，熟悉各政区的形状和位置。

2. 教师：制作多媒体课件，准备投影仪、幻灯片等。

教学目标

1. 能说出我国行政区的设置和划分原则，掌握我国省级行政区的名称、简称、行政中心和位置。

2. 在学习省级行政区的知识中，学会正确记忆地名的方法，提高记忆地理知识的能力。

3. 理解三级行政区的划分，以及特别行政区的设立。

教材分析

本节课内容比较单一，但涉及的地名众多，而各省（自治区、直辖市）的边界形态又各不相同，它们之间的相对位置也错综复杂。因此，教师在教学中必须反复运用地图，让学生通过读图、拼图、填图，形成我国行政区分布的空间观念。

---

① 张占伟，河南省濮阳市清丰县瓦屋头镇第一初级中学。

教学重难点

掌握我国各省级行政区的名称、简称、行政中心和位置。

教学方法

讲授法、演示法、读图法、分组讨论法、综合归纳法。

教学过程

一、谜语导入

（为激发学生兴趣，备课时搜索了一些关于省级行政区的谜语，据此设计了“猜语导入”环节。）

师：下面我们来猜谜语好不好？我说谜语，同学们来猜，谜底都是我国的省级行政区。

船出长江口（上海），银河渡口（天津），双喜临门（重庆），地下文物（内蒙古）。

【设计意图】从学生感兴趣的猜谜活动入手，以趣激疑，以趣引思，激发学生的学习兴趣，让学生对下面学习的内容有了期待，能使学生由被动接受转变为主动学习。

二、新课讲授

师：什么是行政区划呢？我们先来举个例子，比如，我要在学校里找一位同学，你会告诉我他在某年级某班，之所以分年级、分班级是为了方便学校管理。一个国家也是如此，为了便于管理，也会将国土分为若干地区，并设立若干级别，这就是行政区。我们先来了解一下我国历史上的行政区划。（板书：一、历史上的行政区划）

（介绍中华人民共和国行政区划。）

师：下面请大家阅读课本中“‘省’与‘县’的由来”这段话，然后我们找一位同学说说行政区划的由来。

（学生阅读，说中国行政区划的由来。）

师：我国历史上的行政区划，对我国现行的行政区划有何影响呢？下面我们就一起来学习我国的现行行政区划。（板书：二、现行行政区划 1. 三级

行政区划）

师：请同学们按照以下格式（课件出示）填写自己的户口所在地。

（学生填写后，请几名学生将填写的结果读给全班同学听。教师引导学生认识三级行政区划。）

师（小结）：我国采用的是省（自治区、直辖市）、县（自治县、县级市）、镇（乡）三级行政区划，就像我们学校的年级、班级、小组一样。上一级区划包含若干个下一级区划。国家根据特殊需要，还可以设立特别行政区。（板书：2. 特别行政区的设立）

师：同学们知道我国何时收回了香港和澳门吗？

（学生回答。）

师：1997 年 7 月 1 日，中华人民共和国对香港恢复行使主权，设立香港特别行政区；1999 年 12 月 20 日，中华人民共和国对澳门恢复行使主权，设立澳门特别行政区。行政区划对于一个国家来说是非常重要的，在我们的日常生活和工作中都会用到，同时是我们学习中国地理的基础。在三级行政区划中，最重要的是省级行政区，在今后的学习中我们会经常用到。下面我们就来学习省级行政区的名称和位置。（板书：3. 34 个省级行政单位）

（播放视频《中国的行政区划》；出示中国的省级行政区域图，教师对照地图逐个叙述省级行政区的具体位置。）

活动一：地图讲解，了解省级行政区

（教师通过电脑画出某个省的轮廓，学生根据教师出示的轮廓在中国的省级行政区域简图上找出这个省，并说出名字。）

活动二：拼图游戏，记忆省级行政区

学生通过多媒体演示台进行中国行政区拼图游戏。没有上台演示的学生，在自己制作的中国行政区拼版图中找出各行政区，并数一下，我国有多少个省、自治区、直辖市和特别行政区，总计多少个省级行政单位。

（学生活动。）

（板书：23 个省、5 个自治区、4 个直辖市、2 个特别行政区；总计 34 个省级行政单位。）

师：我们好多同学除了有自己的大名外，还有一个小名。各个省区也有自己的小名，我们称之为省区的简称。下面我们来学习各省级行政单位的简称和行政中心。（板书：4. 各省级行政单位的简称和行政中心）

（让学生阅读课本中的“省级行政单位名称、简称和行政中心”。）

（教师介绍我国各省级行政单位的简称的由来。）

师：同学们能不能想个好办法来记住这些名称呢？

（学生各抒己见。）

师：同学们的方法都不错，下面我推荐一种记忆方法。

中国的行政区划顺口溜：两湖两广两河山，云贵港澳陕藏甘，两宁四江天吉福，三海疆北台内安，重庆再加三十三。

讲解：

湖南，湖北，广东，广西，河南，河北，山东，山西

云南，贵州，香港，澳门，陕西，西藏，甘肃

宁夏，辽宁，四川，江苏，江西，浙江，黑龙江，天津，吉林，福建

上海，青海，海南，新疆，北京，台湾，内蒙古，安徽

重庆

师：各省级行政单位我们可以用顺口溜来记住，那么该怎么记住它们的轮廓呢？

（互联网搜索“中国的 34 个省级行政单位的形状分别像什么”。）

师：要记住我国 34 个省级行政单位的轮廓及位置，确实很困难。但如果用形象记忆法的话，会减少困难。仔细观察中国的省级行政区域图，不难发现各省级行政区的轮廓与日常生活中的一些实物很相似。如黑龙江省像只天鹅，内蒙古自治区像展翅飞翔的老鹰，吉林省大致呈三角形，辽宁省像个大逗号，山东省像攥起右手伸开拇指的拳头，山西省、江西省像平行四边形，安徽省像张兔子皮，台湾省似纺锤，海南省似菠萝，广东省似象头，广西壮族自治区似树叶，青海省像兔子，西藏自治区像登山鞋，新疆维吾尔自治区像朝西的牛头，甘肃省像哑铃，云南省像开屏的孔雀，湖北省像警察的大盖帽，湖南省、江西省像一对亲密无间的伴侣……形象记忆不仅能使呆板的政区轮廓变得生动有趣，还能使你不断有新发现。

活动三：竞赛游戏，巩固省级行政区划知识（多媒体呈现）

竞赛以小组为单位计分，前四轮各小组派一名代表回答问题，答对者加十分，答错不扣分。最后一轮为抢答，答对者加十分，答错者扣十分。最后，得分最高的小组胜出。

第一轮：教师在中国行政区拼版图上任意点击四个省，请学生回答它们

的名称。

第二轮：教师任意说出四个省的名称，请学生将相应的图块从中国行政区拼版图上取下来。

第三轮：教师任意点击四个省的图块（每一个省区图块单独出示），请学生根据图块的形状和大小判断是哪一个省。

第四轮：教师任意说出四个省的名称，请学生将图块拖至中国行政区拼版图相应的位置上。

第五轮：教师利用省的特点提问，如与广东省相邻的有哪些省？黄河的入海口位于哪个城市？长江发源于哪个省？与俄罗斯相邻的省有哪些？等等。

（教师简评竞赛结果。）

三、课堂小结

师：这节课我们学习了中国的行政区划，了解了中国三级行政区的设立。本节课的重点是中国 34 个省级行政单位的全称、简称、行政中心和位置，希望同学们课后对照地图记忆这些内容。

四、课外延伸

作业：请同学们每晚收看中央电视台的天气预报，记住各省级行政区的行政中心。

师：同学们，要想获得更多的地理知识，可以通过互联网去搜索。（介绍互联网搜索方法）

教学反思

这节课的容量很大，涉及的地名众多，而各省（自治区、直辖市）的边界形态又各不相同，它们之间的相对位置也错综复杂。这是学生升入初二后地理学习中的一个难点。因此，在教学中，我反复运用地图，引导学生读图、拼图、填图，使学生形成我国行政区分布的空间观念。除此之外，我还采用了以下几种方法，让学生在充满趣味的活动中学习。

1. 猜谜语，创设学习情境，引导学生积极参与。

2. 看视频，调动了学生的学习兴趣，开阔了学生的视野。

3. 读轮廓，激发了学生主动学习的欲望，帮助学生对中国省级行政区形成初步的认识。

4. 顺口溜，把枯燥的知识整合起来，提高了学生的记忆效率。

5. 做游戏，引导学生积极参与，让学生在游戏中巩固知识。

为了达成教学目标，我通过多媒体来上这节课。备课时，我充分利用互联网搜索了许多相关资料，并制作了课件。这节课在不同的班级上了几次，每上一次课，我都会根据学生的反馈不断修改、完善课件，最终达成了教学目标。

不过，我觉得还有需要改进的地方。如由于课堂上学生积极性高涨，参与的愿望强烈，导致纪律较难控制。这需要我在以后的课堂教学中继续改进。

（所获奖项：一等奖）

专家点评

本课知识虽然单一，但容量很大，因此识记起来难度较大，该教师根据本课特点，设计了丰富多彩的活动来帮助学生完成知识的内化：猜谜语（引导学生积极参与）、看视频（激发学生的学习兴趣）、读轮廓（帮助学生对中国行政区形成初步的认识）、顺口溜（提高学生的记忆效率）、做游戏（激发学生的兴趣，强化学生的记忆）。课堂上，学生的参与度很高。在猜谜语活动中，教师给予学生思考的时间；在竞赛游戏中，学生积极参与，通过提取—内化—提取的方式，深度习得相关知识。在本节课的最后，教师布置了课外延伸任务（收看中央电视台的天气预报，记住各省级行政区的行政中心），让学生了解到所学知识可以被运用到实际生活中。本课教学不仅使学生掌握了地理知识，也使学生学会了解决问题的方法——利用互联网来预习、学习新知并拓展知识面。

（点评人：北京师范大学石家庄附属学校　米亚会）

资料导学，提高学生分析能力
——“众多的人口”教案及评析

郑　浩①

教学背景

教学课时：1 课时

教学准备：

1. 学生：调查家庭成员的基本资料；向父母了解自己每个月的平均消费（包括学费、生活费、娱乐费等）占父母月收入的百分比；准备小小辩论赛“人口多好还是人口少好”的辩论材料；排练小品《超生游击队》。

2. 教师：制作多媒体课件。

教学目标

1. 知道我国人口增长速度快，是世界上人口最多的国家。

2. 掌握获取地理信息的方法，学会归纳问题、分析问题和解决问题的方法。

3. 初步树立正确的人口观，知道实行计划生育是我国的基本国策，全面、正确地看待人地关系。

教材分析

本课内容主要包括人口数量及分布，国情与国策。教材主要介绍了我国人口基数大、增长迅速、人口东多西少（本节课为第 1 课时，不涉及“人口东多西少”这部分内容），通过图表和数据表明人口增长要与社会经济发展

① 郑浩，黑龙江省大庆市龙凤区乙烯第五十一中学。

相适应，并联系经济发展、资源与环境，使学生初步认识到我国人口问题的严峻性和实行计划生育基本国策的必要性。本节课没有明显的教学难点，但是基本概念、基本观点和数据较多。

教学重难点

1. 会读中国人口增长示意图，并能绘制简单的示意图。
2. 认识到我国存在的人口问题。

教学方法

谈话法、分析归纳法、辩论赛、探究法。

教学过程

一、情境导入

师：同学们，在上课之前，我们先来看一个有趣的小品，观看的同时思考这个小品反映了什么社会现状。有请我们的小演员上场。

（学生表演小品《超生游击队》。）

师：笑过之后，我们是否感受到小品蕴含的更深层的意义呢？

（学生思考、回答，教师肯定学生的回答。）

师：我们发现，在中国，有不少人为了生男孩，不惜过上“打游击”的生活。是什么使他们选择了这条路呢？他们的选择又会给我们的社会带来什么影响呢？这节课我们就来探讨一下。

【设计意图】通过观看小品让学生初步感受我国是一个人口众多的国家，同时以小品激发学生的学习兴趣。

二、新课教授

（教师出示拥挤的火车站的图片和中国人口的相关数据；学生看图片，阅读分析数据。）

【设计意图】学生通过图片和数据感受我国是一个人口众多的国家。

师：我们知道，我国人口众多（板书：人口众多）。世界上人口超过5000万的国家就被称为“人口大国”，而在我国，据2013年统计，人口超过5000万的省就有10个。有人曾做过一个计算，说中国人手拉手站在一起可绕赤道 40 圈，可见我国人口之多。那“众多”到底是多少呢？

（学生回答。）

师：根据 2010 年第六次全国人口普查，我国人口总数达到多少？

（学生回答，教师板书。）

师：世界人口大约是多少亿？

（学生回答。）

师：我国人口约占世界人口总数的 1/5（板书：约占世界人口 1/5），这就意味着世界上每 5 个人中就有 1 个是中国人。

师：中国的国土面积仅次于俄罗斯和加拿大，居世界第三位，人口却比俄罗斯、加拿大、美国三国人口总和的两倍还多，可见我国是名副其实的人口大国。

【设计意图】拓展学生的知识面，同时让学生知道我国人口已有 13 亿多。

（出示有关“我国迎来第 13 亿个小公民”的文字材料。）

师：在 2005 年 1 月 6 日，我们迎来了我国的第 13 亿个小公民，于是把这一天定义为“中国 13 亿人口日”。2010 年第六次全国人口普查我国人口总数为 13.40 亿①，可见我国的人口基数非常大。

（播放有关我国第六次全国人口总量普查的视频。）

师：这么庞大的人口总量每年还在持续增长，只是增长速度略有不同。要了解我国人口的增长趋势，首先要读懂中国人口增长示意图。请同学们带着下面的问题来分析中国人口增长示意图。

（课件出示中国人口增长示意图。）

问题 1：我国人口增长的大体趋势如何？

问题 2：为什么 1949 年以后我国人口增长迅速？

问题 3：我国一共出现了几次人口高峰？

（学生活动，讨论、分析中国人口增长示意图。）

【设计意图】通过提问，启发、引导学生积极思考以达到学习要求。学生围绕教师的质疑展开讨论，进一步理解知识。

师（总结）：1949 年以前，我国人口增长的速度可以说是比较慢的。大家读图可知，在这一时间段，这条增长曲线的坡度很小。但 1949 年后，人

① 不包括香港特别行政区、澳门特别行政区和台湾省的人口数。

口曲线的坡度开始急剧加大，可以说是呈直线上升。为什么这段时期人口增长如此迅速呢？

（学生交流、讨论。）

师：新中国成立后，社会安定，自然灾害造成的影响得到了有效控制，经济文化迅速发展，人民生活水平提高，医疗卫生条件改善，死亡率下降，我国人口平均寿命延长，同时人口出生率长期保持较高水平，正是因为这些因素，1949年后我国的人口增长速度才会不断加快，从而形成了较高的人口自然增长率和庞大的人口总量。

计算新增人口数。

（课件出示：2000年，中国人口12.67亿[①]，该年的人口出生率为14.03‰，死亡率为6.45‰，该年新增人口是多少？）

（学生计算。）

【设计意图】通过计算，使学生更真切地体会中国人口增长速度之快，更深入地了解中国人口数量的特点——人口基数大，人口增长快。

师：有句话说得好，众人拾柴火焰高，人多力量大，但是不是人多就好呢？（不是）像中国这样的人口大国，人口增长速度过快给我国带来的问题尤为突出。在假期，外出旅游的同学可能会有这种感觉，无论是在车站、机场，还是在旅游景点，都会存在买票困难、交通拥堵等一系列由于人多带来的不便。下面我们来辩论一下，是人口多好还是人口少好。

（学生辩论。）

【设计意图】通过辩论，培养学生的语言表达能力和逻辑思维能力，同时在辩论中让学生充分感受到人口多和人口少各有利弊。

师（总结）：人口过少会带来社会劳动力短缺等弊端，但是人口过多会对社会造成更大的影响。下面请同学们以不同的形式来展示人口过多给社会带来的不利影响，可以运用智慧的画笔以漫画的形式表现，也可以用文字或表演的形式表现。

（学生活动，以漫画、文字、表演的形式再现人口过多带来的社会压力。）

师：同学们的汇报都非常精彩。老师也准备了几幅漫画，我们一起来解

① 不包括香港特别行政区、澳门特别行政区和台湾省的人口数。

读它们的含义。

（课件展示有关人口众多对社会造成负面影响的漫画。）

【设计意图】利用漫画形象地反映社会现实，通俗与趣味结合使学生更易理解地理知识。

师：人类既是生产者，也是消费者。人力资源是宝贵的，但要保证人的生存条件，需要消耗大量的资源和能源，同时会产生一系列的社会问题，阻碍生产力的发展。为了使人口的增长同社会经济发展和资源环境条件相适应，我国把计划生育列为一项基本国策。（板书：实行计划生育，控制人口数量，提高人口素质）

师：中国人口数量庞大，使我们不得不在相当长的一段时间内推行计划生育政策。计划生育是如何让人口增长速度放慢的？我们来看一看《家庭人口调查表》。

（学生出示调查表，教师解释“五世同堂”。）

师：刚才同学们展示的都是社会问题，我们把范围缩小，在座的是独生子女的请举手。如果多了一个弟弟或妹妹，对你会有什么样的影响？

（学生自由讨论。）

【设计意图】通过讨论，培养学生的合作意识，并以生活中的实例加深学生的印象，达到情感教育的目的。

师：我们笑的同时，也感到了悲哀。我国由于人口众多，国民受教育水平普遍较低，很多地方的孩子不能上学，上不起学。我们能上学是很幸福的事，我们要珍惜现在的生活。

（出示资料：计划生育使我国“13亿人口日”的到来推迟了4年。）

师：在很长一段时期内，我们国家规定一对夫妇只能生一个孩子，这就是到1990年，我国人口增长速度有所下降的原因，同时解释了为什么小品《超生游击队》中那对农村夫妇要过上“打游击”的生活。但计划生育是一种强制的手段，强制并不是解决问题的根本方法，关键还是要转变观念。要改变观念，中国还有很长的一段路要走，这需要我们共同努力。

【设计意图】拓展本课内容，培养学生的发散思维，帮助学生梳理知识脉络，总结知识点，巩固复习。

三、课外拓展

师：下面请大家为宣传计划生育设计一则广告。

（学生活动。）

四、课堂小结

师：本节课内容主要介绍了我国的人口增长和分布问题。通过学习，我们不仅了解了我国人口的增长状况、人口的分布特点及其形成原因，还认识到近几十年来，由于我国人口增长过快，给人民生活带来了许多问题。我国人口增长过快，已超过国土资源和自然资源的合理承受能力，影响了国民经济的发展、社会的安定和人民生活水平的提高。因此，我们在控制人口数量的同时要提高人口的素质，使人口的发展同社会经济的发展相适应，同资源利用和环境保护相协调。

教学反思

在备课时，我认真研究了新课标，根据本年级学生思维比较成熟、有一定知识面和有独立见解的特点确立了本节课的三维教学目标和教学重难点。

我认为本节课有几点可取之处。一是利用师生互动和生生互动，极大地调动了学生学习的兴趣。二是“小小辩论赛”的设计，激发了学生的思维，培养了学生的语言表达能力，强化了学生的辩证唯物主义观念。三是调查表格的设计和图表、文字资料的运用，使学生直接获得了感官上的刺激，增强了记忆力并加强了学习效果，培养了学生读图识图的能力和比较分析的能力。

另外，在学生辩论的过程中，我能适时指出学生出现的偏激现象和反面情绪，增强爱国主义和传统美德的教育。在最后一个教学环节，由于时间充裕，我灵机一动，让学生设计宣传计划生育的广告，培养了学生的表达能力，激活了学生的思维。

教学结束后，我静心沉思，觉得还有需要改进的地方。比如，在教法上还应再放开一些，给学生充分发挥的空间，让他们自由地思考和表达；在知识点上还应把重点和难点的内容再突出一些；在组织教学方面有时幽默也是一种很好的处理问题的方法。

（所获奖项：一等奖）

专家点评

本节课以谈话法、分析归纳法、辩论赛、探究法等教学方法展开教学。

通过学生自主排练表演的小品《超生游击队》导入教学，使学生初步感受到我国是一个人口众多的国家。通过辩论赛（主题为人口多好还是人口少好），给予学生表达自我的空间，培养了学生的语言表达能力和逻辑思维能力，同时在辩论中让学生充分感受到人口多和人口少各有利弊。通过一系列的视频及图片资源的展示，学生了解了我国目前的人口状况。在课堂的最后，教师布置了一项小任务——为宣传计划生育设计一则广告，将本节课的内容延伸到课外，使学生将所学的知识灵活运用到实际生活中，促进了知识的内化。

（点评人：北京师范大学石家庄附属学校　米亚会）

读图析图，自主探究

——“秦岭—淮河线”教案及评析

谭翠芹[①]

教学背景

教学课时：1课时

教学准备：

1. 学生：预习新课，了解秦岭—淮河线；完成教材中相关的习题；利用互联网收集资料，了解黄河“夺淮入海”是怎么回事。

2. 教师：上网收集相关资料，制作多媒体课件。

教学目标

1. 了解秦岭—淮河线的地理位置及地理特征。

2. 了解秦岭—淮河线的地理意义。

3. 了解我国四大地理区域的划分及分界线。

4. 掌握学习区域地理的方法。

5. 培养读图、识图能力，培养收集资料、处理资料和分析问题、解决问题的能力。

教材分析

本课包括三部分内容：第一部分主要介绍秦岭与淮河的地理位置和地理特征；第二部分介绍秦岭—淮河一线的地理意义，这是本节课的重点；第三

① 谭翠芹，广东省佛山市高明区荷城街道富湾中学。

部分则主要介绍四大地理区域，重点介绍我国四大地理区域的分界线。

教学重难点

1. 理解秦岭—淮河线的地理意义。
2. 分析秦岭—淮河线南北两侧的地理差异。

教学方法

讲授法、自学释疑法、小组讨论法。

教学过程

一、导入新课

师：老师这里有一些图片，大家看一看它们分别属于哪些地区。

（出示图片。）

海南风景

塔克拉玛干沙漠

（学生看图回答。）

师：我国幅员辽阔，包括各种自然景观，呈现出显著的区域差异。例如，每当初夏时节，南方大地水稻油绿，华北田野麦浪如金，西北草原羊马欢叫，青藏高原寒气袭人。有时甚至一山之隔，就千差万别。我国有条东西走向的山脉，山北黄牛下旱地，山南水牛犁水田；山北树木冬季落叶，山南树木大多常绿；山北人们以面食为主，山南人们以米饭为主。请你猜一猜，这是我国的哪一条山脉？（秦岭）

（引出课题：秦岭—淮河线。）

二、讲授新课

1. 了解秦岭与淮河

引导学生看教材中的秦岭—淮河线示意图，让学生指出秦岭和淮河的位置，并用笔在课本上描出这条线。

学生思考并回答课本中的问题。

教师引导学生阅读课本材料“秦岭”，并结合地图册了解秦岭的一些重要特征，教师在黑板上画出秦岭的简图，便于学生理解记忆。

教师介绍秦岭主峰太白山。

教师引导学生阅读课本材料“淮河”，了解淮河的有关情况。

学生小组讨论：历史上的黄河“夺淮入海”是怎么回事？淮河被称为“害河”的主要原因是什么？

学生讨论后全班汇报，教师相机指导，最后分析总结。

(1) 历史上的黄河“夺淮入海”是怎么回事？

(出示资料：历史上的黄河“夺淮入海”是怎么回事？)

(2) 淮河被称为“害河”的原因：在黄河夺淮的近700年中，黄河多次泛滥，携带大量的泥沙，淤高了淮河的河床，使中游的河槽变成了半地上河，使下游的入海出路淤塞。每遇汛期，上游来水大增，下游又无通畅泄水渠道，十分容易破堤决口，泛滥成灾。淮河两岸“大雨大灾，小雨小灾，无雨旱灾”，成为我国洪涝、干旱俱全的重灾区。

2. 学习秦岭—淮河线的地理意义

教师先简单介绍地理区域和地理界线，指出秦岭与淮河构成了我国东部重要的地理界线。然后引导学生看课本中的沿107°48′E线陕西省南部地形剖面图，帮助学生熟悉秦岭南北两侧的地形区，了解西安市和安康市的地理位置。最后让学生完成课本活动题第2题，解释位于秦岭两侧的西安市和安康市气温差异的形成原因。

在学生回答的基础上，教师加以肯定和指正。

学生看地图册中的中国1月平均气温图、中国温度带图、中国年降水量分布图、中国干湿地区的划分图、中国主要气候类型图，并从中找出秦岭、淮河的大致位置，说说秦岭—淮河线在自然环境方面有哪些地理意义。

师生归纳秦岭—淮河线在自然环境方面的地理意义。

教师引导学生阅读材料“秦岭—淮河线南北两侧的地理差异”，使他们了解这条界线的南北两侧在自然环境、地理景观和生活习惯等方面都有着显著的差异。

3. 学习秦岭—淮河线南北两侧的地理差异

（播放视频《秦岭淮河分界线》。）

（出示图片。）

秦岭—淮河线以北粮食作物——小麦

秦岭—淮河线以南粮食作物——水稻

4. 认识四大地理区域

我国四大地理区域：北方地区、南方地区、西北地区和青藏地区。

学生阅读教材中的中国四大地理分区图，了解四大地理区域的名称，然后教师引导学生回答：它们是怎么划分的？

学生读中国400毫米年等降水量线走向图，找出400毫米年等降水量线，它把我国大致划分为东南与西北两大半壁。

师：我们还学过哪些著名的地理分界线？

复习前面所学的自然地理分界线：三级阶梯的分界线。

让学生在地图上把秦岭—淮河线、400毫米年等降水量线和青藏高原边缘线这三条线都画出来。学生通过画这三条线，清晰地看到这三条线把我国大致划分为四个地理区域：北方地区、南方地区、西北地区和青藏地区。

师（总结）：把秦岭—淮河线、400毫米年等降水量线和青藏高原边缘线这三条重要的地理分界线结合起来，并根据实际情况做一定调整，就把我国划分为了北方地区、南方地区、西北地区和青藏地区四大地理区域。在以后的章节中，我们将会详细介绍每一个地理区域的情况。

三、课堂小结

1. 学生快速浏览教材，并回忆教师讲述的内容，从整体上感知和把握所学知识。

2. 学生口头表述自己的收获。

3. 教师告诉学生，如果有不理解或不明白的地方，可以通过互联网搜索相关内容。

四、课堂延伸

师：如果你是一名北方或南方的导游，你会从哪几个方面向游客介绍当地风光？

教学反思

根据课标要求，结合教学内容、学生的年龄特征及学生现有的知识水平，我引导学生采用自主学习、小组讨论的方法进行学习。在教学过程中，我以问题为引领，如历史上的黄河“夺淮入海”是怎么回事？淮河被称为“害河”的主要原因是什么？让学生进行自主学习，并通过读图、小组交流讨论自主解决问题，从而培养了学生的读图能力、收集处理信息的能力，以及自主解决问题的能力。

我在课堂中运用多媒体辅助教学，增加了课堂的趣味性，降低了教学难度，激发了学生的学习兴趣，提高了教学效率。如课件展示我国不同地区的自然景观，并让学生看一看它们分别属于哪些地区。这样的导入不仅增强了学生的感性认识，还调动了学生的学习积极性。又如，用视频展示秦岭—淮河线南北两侧的地理差异，将抽象的内容直观地呈现在学生面前，使学生学习起来轻松愉快。但是由于我对多媒体课件的制作和使用还不够熟练，课件中如果能有相应的动画设置，如根据课堂的讲解将秦岭—淮河线一点点画出来，则能让学生对秦岭—淮河线有更直观的了解、更深刻的印象。

（所获奖项：二等奖）

专家点评

在本课教学中，教师将网络资源与教材相结合，收到了很好的教学效果。初中生已具有一定的问题解决能力和抽象思维能力，在教学中该教师以问题引导学生完成了一系列教学任务，帮助学生学习了知识并掌握了技能。教师设计的问题贴近学生的最近发展区，能够让学生通过解决问题来完成学习目标。在教学过程中，教师通过展示图片、播放视频、分析、归纳等多种方法来调动学生的积极性，避免了因教学方法单一造成学生学习疲劳情况的出现。另外，教师还关注知识体系的螺旋式上升，即在学习新知识的同时，不断回顾与之相关的旧知识（复习前面所学的自然地理界线：400 毫米年等降水量线和青藏高原边缘线），引导学生完善知识系统。在最后的教学活动中，教师为学生设计了利用所学知识解决实际问题的小任务“如果你是一名北方或南方的导游，你会从哪几个方面向游客介绍当地风光”来帮助学生完成知识的巩固和内化。总体来说，这节课还是比较成功的。

（点评人：北京师范大学石家庄附属学校　米亚会）

在课堂探究中升华爱国情感

——“祖国的神圣领土——台湾省”教案及评析

崔永波①

教学背景

教学课时：1课时

教学准备：

1. 学生：根据导学案预习本课内容；利用互联网搜索有关台湾省的历史资料，了解台湾省；思考教材中的活动，厘清本节课的知识结构。

2. 教师：查找资料，制作多媒体课件；准备音乐《阿里山的姑娘》。

教学目标

1. 能够在地图上指出台湾省的位置，明确台湾省是中国的神圣领土。
2. 能够通过读图和分析材料掌握台湾省的自然环境特征和经济特色。
3. 培养从地图和资料中提取、加工信息和分析问题的能力。
4. 掌握分析区域特征的方法。
5. 培养读图、识图能力。

教材分析

本课内容可分为三部分。第一部分主要介绍台湾省的位置和范围；第二部分主要介绍台湾省的自然条件和丰富的物产；第三部分主要介绍台湾省的经济发展状况。教材编写的主要思路是先明确台湾省在政治上的领土归属问题，再在此基础上讨论其自然条件及经济发展特点。

---

① 崔永波，山东省青州市高柳初级中学。

教学重难点

1. 能在地图上指出台湾省的范围，并能分析其地理环境、自然环境特征和经济特色。

2. 能说明台湾省自古以来一直是祖国不可分割的一部分。

教学方法

启发式讲授法。

教学过程

一、情境导入

（播放音乐《阿里山的姑娘》。）

师：阿里山位于我国的哪个省？

生：台湾省。

师：台湾岛与台湾省的含义相同吗？台湾省除阿里山外，还有什么山、什么河呢？今天我们就来畅游祖国的神圣领土——台湾省。（板书课题：祖国的神圣领土——台湾省）

二、讲授新课

师：我们首先来了解台湾省的位置、范围等概况。大家阅读课本，读台湾省图，然后完成以下问题。

（1）在地图上找出台湾岛、澎湖列岛、钓鱼岛、东海、台湾海峡、太平洋等，并填在填充图册上。

（2）看一看北回归线穿过台湾岛的哪个部位。

（3）看图说出台湾省的纬度位置、海陆位置和范围。

（4）了解台湾省的人口数量，计算台湾省的人口密度。

（学生自学、填图、计算，教师巡视指导。）

师：台湾省，简称台，包括台湾岛以及附近的澎湖列岛、钓鱼岛等许多小岛，面积共约 3.6 万平方千米，人口 2000 多万，属人口稠密地区。台湾省位于我国东南沿海，北临东海，东临太平洋，南临南海，西隔台湾海峡与福建省相望。北回归线穿过台湾中南部。从图上我们可以看到，台湾岛西部与福建省隔海相望，距离很近。

活动一：

（1）请大家根据台湾省地图，利用比例尺量算基隆—福州、高雄—厦门之间的实地距离。（请两名学生到黑板上量算，写出过程）

（2）阅读课本中的资料，完成下列各题。

材料________说明了台湾与祖国大陆的地缘关系。

材料________说明了海峡两岸人民的血缘关系。

材料________说明了台湾与祖国大陆的历史与文化渊源。

（学生自主学习，汇报。）

师：通过刚才的量算大家知道了基隆离福州约 276 千米，高雄距厦门约 306 千米，距离很近。而且种种史实资料和证据证明：台湾省是中华人民共和国不可分割的神圣领土。

首先，从地缘关系上看，台湾省原本就是祖国大陆的一部分，由于地壳运动，部分陆地下沉，海水进入，形成了台湾海峡，台湾岛才与大陆分离。

其次，从血缘关系上看，台湾省的居民中，汉族约占 97%，他们主要是明清以来福建、广东两省移民的后代。

最后，从行政区划和文化渊源上来看，台湾省自古以来就是历朝历代的“王土”。早在公元 230 年，三国时东吴国君孙权派大将军卫温率万人船队到达夷州（今台湾省）。元统一后，设立了澎湖巡检司，台湾正式为中央政权所控制。1661 年，郑成功率兵打败了盘踞台湾的荷兰殖民者，于 1662 年正式收复了沦陷 38 年的我国神圣领土——台湾。1885 年，清政府正式设置台湾省建制。1895 年，台湾省被日本侵占，直至 1945 年抗日战争胜利后回归祖国。

（播放视频《郑成功收复台湾》。）

师：综上所述，台湾省是祖国神圣不可分割的领土，台湾同胞是我们的兄弟姐妹，我们每个人都希望看到中华民族团结和睦，祖国繁荣昌盛。刚才我们提到从明朝开始，列强就多次进犯台湾，他们主要看中了台湾之“宝”。

活动二：

阅读教材中美丽富饶的宝岛相关内容，读台湾岛主要农矿产品分布图，分析、讨论以下问题。

（1）简要概括台湾岛自然环境的特点。

（2）台湾岛之“宝”主要指台湾岛有丰富的资源，说说台湾岛有哪些农林产品，试分析自然环境对台湾岛农林产品分布的影响。

（3）台湾岛有哪些重要的矿产资源？

（学生小组讨论，教师指导读图方法；学生汇报。）

师（小结）：台湾岛多山地丘陵，最高峰玉山达3952米，平原主要分布在西部及东部狭窄的沿海地带。台湾岛属亚热带、热带气候，全年气温偏高，平均气温在22℃左右，平均年降水量2200毫米左右。岛上河流众多、水量丰富，但受地形限制，流程较短，最长的河流为浊水溪，最大的天然湖泊为日月潭。温暖湿润的气候和面积广阔的山地孕育了台湾岛丰富的森林资源。台湾岛山脉海拔较高，从山下至山上气候的垂直分异明显，使得树种十分丰富，因此有“亚洲天然植物园”的美誉。其中樟树是台湾岛最著名的树种，樟脑产量居世界首位。台湾岛西部平原气候温暖湿润，土壤深厚肥沃，是稻米、甘蔗、亚热带及热带水果的主要产区，因此又有“海上米仓”“东方甜岛”“水果之乡”的美誉。台湾岛四面环海，有丰富的渔业和盐业资源，因此又有了“东南盐库”的美称。此外，台湾岛还有丰富的矿产资源，如煤、铁、石油、天然气、铜等。丰富的资源、优越的位置为其经济的发展奠定了坚实的基础。下面我们来了解一下台湾省的经济特点。

（引导学生读台湾省出口贸易的变化图。）

师：20世纪60年代以前，台湾省的经济以农业和农产品加工为主，主要出口蔗糖、菠萝、稻米、樟脑等。通过台湾省出口贸易的变化图可以看出，20世纪50年代，农产品和农产加工品的出口比例远大于工业产品，20世纪60年代以后，台湾省充分利用自身的优势和条件，重点发展出口加工工业，形成了“进口—加工—出口”型经济。大家从图中可以明显看出20世纪60年代后出口商品中工业产品的比重在稳步上升，而农产品和农产加工品的比重却下降很快，到20世纪90年代，农产品及其加工品在出口商品中所占比例已微乎其微。

（播放视频《台湾经济增长率有望创21年来新高》。）

师：那么，大家思考过没有，台湾省发展出口加工业的优势在哪里？

活动三：

请大家读台湾出口导向型经济发展的有利因素图，分析回答刚才的问题。

（学生读图、回答。）

师（归纳）：台湾省的经济在20世纪60年代以后得以飞速发展，一跃成为亚洲经济发展的“四小龙”之一，得益于以下几个有利因素：台湾省地肥水美，物产丰富，从基础产业到工业原料都为经济的腾飞创造了条件；台湾省是个海岛，有许多优良港湾，海运便利；20世纪60年代后，台湾省大力发展文化教育事业，大幅度提高了当地人们的科学文化素质，同时其人口稠密，这就为经济的发展提供了大量廉价而又高素质的劳动力；20世纪60年代后，台湾省扩大开放力度，吸纳大量外国资金，为经济的腾飞提供了资金保障；为加速经济发展，台湾省还建设了大量出口加工区，发展高新技术产业，如“台湾硅谷”——新竹科学园区。请大家阅读课本中的阅读材料“小而精的出口加工区——新竹科学园区”。

（学生阅读。）

师：在以上优势条件的推动下，台湾省经济发展得很快，那么台湾省的工业主要分布在哪几个城市呢？

活动四：

请大家阅读台湾岛主要的工业中心图，回答以下问题。

（1）台湾省的工业主要分布在哪几个城市？

（2）这几个工业城市的分布有什么共同的特点？

（3）这种分布特点的形成可能受了哪些条件的影响？

（学生读图、回答问题。）

台湾省的工业主要分布在台北、台中、高雄等位于台湾省西部平原的沿海城市。

（介绍台北。）

这种分布特点的形成与以下几个因素有关。

①从地形来看，这几个城市都位于平原。平原地势平坦、土壤肥沃、农业发达，这为城市的形成、工业的发展奠定了物质基础。②从开发历史来看，西部与祖国大陆隔海相望，相距较近，是大陆移民首先到达、最早开发的地区。③由于西部地区自然条件优越，移民又先到达此地，因此西部开发历史悠久，人口稠密，劳动力丰富，市场广阔，这也促进了城市和工业的发展。④这几个城市多为沿海城市，交通便利，尤其是海运便利，高雄港是台湾省最大的港口，这为原料的进口和产品的出口提供了很大便利。总之，工

业的分布、城市的分布是受多种因素共同影响的，这些因素之间相互联系、相互制约。

师：随着经济的发展，台湾省的产业结构也在不断变化。

活动五：

请大家阅读课本中的台湾三类产业产值的构成表，完成表下面的两道题。

（第 1 小题要求学生用铅笔在课本上完成，第 2 小题让学生口述。）

师：从 1965 年至 1998 年三十多年间，台湾省的三大产业结构发生了较大变化。第一产业持续下降，而且下降的幅度较大；第二产业是波动小幅度上升；第三产业升幅较大，目前是三类产业中所占比例最高的，达 63.1%，比 1965 年上涨了将近 20 个百分点。这再一次说明 20 世纪 60 年代以后，台湾省的经济获得了突飞猛进的发展。

三、课堂小结

师：本节课我们学习了祖国的神圣领土——台湾省，了解了台湾省的自然环境特征和经济特点，从而更加深刻地认识到台湾省是祖国之“宝”，台湾省自古就是我国的神圣领土。

四、课外拓展

试分析、比较香港特别行政区与台湾省经济发展特点的相同之处和不同之处。

教学反思

本节课主要以培养学生的爱国主义情怀为目的，结合互联网搜索展开教学，让学生认识并了解我国的神圣领土——台湾省。

在实施运用互联网搜索进行教学的过程中，我觉得有些环节做得比较得心应手，但有些环节还需要进一步改进和加强。在“情境导入”环节，学生伴随着音乐《阿里山的姑娘》开始了本课的学习，音乐的播放既激发了学生的学习兴趣，也为学生了解台湾、认识台湾、期盼统一奠定了情感基础。之后借助互联网、教材材料和地图，引导学生通过对一系列地质、历史文化和血缘关系的探究，分析台湾省是祖国领土不可分割的一部分，进而使学生初步认识台湾省；接着引导学生通过分析台湾省的地理位置及其重要性，使学生增强祖国统一的坚定信念。带着这样的情感，学生的自主学习意识增强了，学习兴趣更浓厚了。

（所获奖项：二等奖）

专家点评

本课教案符合初中学段学生的认知特点，教师通过“自主学习—系统讲解—巩固复习”，帮助学生实现基本知识的内化。教师在努力利用教材的基础上，努力挖掘网络资源，真正实现了信息技术手段与地理教学的有机结合。在导入新课环节，通过音乐《阿里山的姑娘》让学生在感受台湾省民情的同时，进入教学情境，之后通过一系列活动，使学生深刻体会到台湾是祖国领土不可分割的一部分，进而培养学生的爱国情怀。在课堂上，教师通过多种方法：自主学习（阅读课文和读图）、小组讨论（台湾岛有哪些重要的矿产资源）、教师讲解（重难点知识介绍），引导学生达成学习目标。不过，本节课主要还是以教师的讲解为主，为了更好地发挥学生的主体地位，教师在今后的教学中可考虑在小组讨论时注重多维度评价（组间评价、组内评价、教师评价），进而真正实现以学促学、以评导学、师生共话的目的。

（点评人：北京师范大学石家庄附属学校　米亚会）

在自主学习中认识世界石油宝库
——“西亚——世界石油宝库”教案及评析

蔡骐伊①

教学背景

教学课时：1课时

教学准备：

1. 学生：通过互联网搜索有关石油输出国及石油进口国的资料；了解美国、日本及西欧诸国的石油消耗概况；制作汇报文稿，通过微博展开辩论。

2. 教师：制作多媒体课件。

教学目标

1. 能分析西亚石油在世界中的地位，并利用地图指出西亚石油的主要分布区。

2. 了解西亚石油的主要输往地区及主要的海上运输路线。

3. 对资料进行整合分析，完成西亚石油进口国相关资料的整理。

4. 了解我国石油进口的基本条件，并能就“我国是否应该大量进口石油”展开辩论。

教材分析

本节课主要讲述西亚的自然环境及宗教文化对西亚地区政局的影响，并说明西亚的石油资源是世界石油资源宝库这一事实。

① 蔡骐伊，广东省佛山市顺德一中大良学校。

教学重难点

1. 分析西亚石油在世界中的地位，并利用地图指出西亚石油的主要分布区。

2. 了解西亚石油的主要输往地区及主要的海上运输路线。

3. 利用多媒体对资料进行整合分析，完成西亚石油进口国相关资料的整理。

教学方法

多媒体辅助法、小组讨论法、角色扮演法、辩论赛。

教学过程

一、导入新课

师：西亚是世界的石油宝库，下面让我们先来了解一下西亚的石油资源。（板书课题）

二、讲授新课

1. 快速阅读知概况

师：在这一环节，你将了解到西亚石油资源的概况，马上翻开课本完成下面的练习吧！找到就请举手回答。

（1）西亚是世界上__________储量最为丰富、产量和输出量最多的地区，主要输往__________、__________和__________。

（2）西亚的石油资源主要分布在__________及其沿岸地区，______、______、______和______是世界重要的产油国。

2. 角色扮演表观点

（出示文章《应对高油价，“心动”不如行动》。）

师：了解了西亚石油资源的概况后，小记者们又了解到越来越高的油价给各国带来了不同的影响。美国、日本和西欧各国等希望降低油价，而西亚石油商人不希望降低油价，大家各执一词。下面我们分成四个小组，每个小组扮演一个角色，进入聊天室，根据老师提出的问题收集资料并讨论，然后发表本方意见。

（1）“西亚”小组

需要解决的问题：

① 西亚的石油资源主要分布在哪里，它在世界上的地位如何？

② 为什么西亚能大量出口石油？

③ 西亚石油资源的生产有何特点？

④ 西亚的石油资源主要输往哪里？

⑤ “石油输出国组织”是一个什么样的组织？

⑥ 了解西亚人对油价的观点（升或降），并简要阐明缘由。

⑦ 在世界石油贸易中如何保护自身的利益？

（学生根据教师提出的问题，通过互联网搜索资料，并形成自己的观点，进行汇报。）

（2）“西欧”小组

需要解决的问题：

① 为什么要进口石油？（自身的石油资源及消耗情况）

② 主要从哪里进口？

③ 请设计其运输路线，介绍该路线有何优势。

④ 阐述你对世界石油价格的看法，并简要阐明理由。

⑤ 对于油价不断攀升你有什么应对策略？

（学生根据教师提出的问题，通过互联网搜索资料，并形成自己的观点，进行汇报。）

（3）“美国”小组

需要解决的问题：

① 为什么要进口石油？（自身的石油资源及消耗情况）

② 主要从哪里进口？

③ 请设计其运输路线，并介绍该路线有何优势。（配以图片说明）

④ 对世界石油价格的看法，简要阐明缘由。

⑤ 对于油价不断攀升提出相应的对策。

（学生根据教师提出的问题，通过互联网搜索资料，并形成自己的观点，进行汇报。）

(4)“日本”小组

需要解决的问题：

① 为什么要进口石油？（自身的石油资源及消耗情况）

② 主要从哪里进口？

③ 请设计其运输路线，并介绍该路线有何优势。（配以图片说明）

④ 说说你对世界石油价格的看法，简要阐明理由。

⑤ 对于油价不断攀升提出相应的对策。

（学生根据教师提出的问题，通过互联网搜索资料，并形成自己的观点，进行汇报。）

师：听完大家的汇报后，我们清楚了各方的需求。我们之前学习了三条西亚石油输出的主要路线，让我们一起回顾一下。

（师生共同回顾西亚石油输出的三条主要路线。）

师：西亚大量的石油主要从这三条路线运输至美国、日本和西欧各国。石油在给各方带来利益的同时也不可避免地带来了问题，同学们有没有想过，有一天，假如西亚的石油资源枯竭了，西亚将何去何从呢？下面，让我们研究一下西亚的现在及未来，做智慧的世界公民，为地球出谋献策吧！

3. 共研西亚的现在和未来

师：下面我们分成四个小组，合作探究。

（教师给每个小组提供一幅与西亚现在与未来相关的图片，并提供关键词，让学生试着用关键词描述图上反映的西亚的现在或未来。教师通过问题引导学生回答，每组选一名发言人，其他人可补充发言。）

(1) 西亚的工农业发展

读图，思考以下问题。

① 读图，分别收集资料说明石油为西亚的工农业带来了什么影响。

② 还有其他有利影响吗？

（学生通过互联网搜索相关资料，了解西亚石油的储存量及优点。）

（2）从骆驼背上直接跳到奔驰轿车里

读图，思考以下问题。

① 从骆驼背上直接跳到奔驰轿车里是指石油给西亚带来了什么？

② 你能收集到其他的资料及图片来说明这个事实吗？

（学生通过互联网查找石油为西亚带来的巨大变化以及西亚地区以石油致富的国家。）

（3）伊拉克战争之始

读图，思考以下问题。

① 这幅漫画描述的是伊拉克战争之始，石油资源给西亚带来了什么影响？

② 你还能举出相关的例子吗？

（学生了解西亚石油之困，如伊朗能否再次引发石油危机。）

（4）石油资源枯竭，西亚的未来该何去何从

① 西亚的石油发展必将遇到什么问题？

② 请你查阅资料后提出解决的措施。

（学生通过互联网搜索相关资料，如《全球迈向“后石油时代”新能源、新出路》《石油工业唯变革创新才有出路》《能源紧缺时代的出路何在?》等。）

师：石油是把“双刃剑”，带来好处的同时，也带来了危机。我们应该树立可持续的资源观，科学合理地开发及利用石油资源。

4. 总领全局思路清

师：纵观课堂，我们学习了西亚石油资源的特点、分布及对世界的影响。现在，让老师带领同学们做知识总结。

（1）西亚的地理位置

① 五海三洲两洋之地。

② 丝绸之路的必经之地。

③ 霍尔木兹海峡被称为“西方的生命线”。

（2）世界石油宝库

① 西亚石油在世界上的地位：储量、产量和出口量世界第一。

② 西亚石油的分布：主要分布在波斯湾及其沿岸地区，主要产油国有沙特阿拉伯、伊朗、科威特、伊拉克等。

③ 西亚石油的输出：三条主要路线。

④ 石油资源给西亚带来的利与弊及西亚的可持续发展之路。

5. 小小辩论来提升

师：西亚引发的油价上涨，不仅使西欧、美国、日本受到了重大影响，我国也受到了影响。面对经济的快速发展，我国从石油出口国变为石油进口国，新增原油需求不断扩大，对此你们有什么看法?

（学生发表自己的看法，如我国为什么要进口石油。）

生：我国的石油可开采储量不足，石油资源越来越少，而石油是保障国家经济、政治安全的重要资源。

生：中国有大量的石油储备等待开发。现在，在陆地上开采石油对我国来说已经不存在技术问题了，但是在海上开采石油的技术还不成熟，可见从外国进口石油是正确的。

师：我国大量进口石油是事实，我们能做的是努力学习，积极开发新能源，从自我做起，从节约每一滴石油做起。珍惜能源，从我们做起。

三、课外延伸

做一期关于《走进西亚》的宣传报。

教学反思

本节课中，我围绕教学目标，结合学生的认知水平展开教学，逐步引导学生利用互联网搜索资料，拓展教材内容，在充实教学内容的同时，拓宽了学生的视野。探究活动为学生的自主学习提供了充分的空间。在小组合作探究活动中，学生学会了学习，学会了探究；在成果汇报的过程中，学生增强了口头表达能力及语言组织能力。通过本课的学习，学生初步形成了对时事热点的敏感度，同时树立了可持续发展观。

（所获奖项：二等奖）

专家点评

本节课体现了“以学生为主体，以教师为主导”的教学理念，整节课都是学生在查找、整理资料，并进行汇报，在自主学习中学生对西亚石油资源有了深刻的认识，并树立了可持续发展观。

本节课的教学方法灵活，学生在角色扮演中了解了西亚石油的基本情况，并在积极的讨论及展示汇报中形成了个人知识体系，同时培养了语言表达能力，进而达成了知识、技能层面的目标。在本节课中，通过辩论，学生开始关注时事热点，达成了情感态度与价值观层面的目标。在教学过程中，教师在充分利用教材的基础上，充分挖掘网络资源，帮助学生更好地完成了对本节课重难点知识的学习，真正实现了信息技术与地理教学的有效融合。在课堂最后布置的“做一期关于《走进西亚》的宣传报”任务，非常有新意，符合现代化的教学设计理念，学生在完成此任务的过程中，能灵活运用所学知识，实现知识的巩固与内化。

（点评人：北京师范大学石家庄附属学校　米亚会）

在问题引领下认识母亲河

——“中国的河流和湖泊——黄河”教案及评析

张雪峰[①]

教学背景

教学课时：1 课时

教学准备：

1. 学生：预习新课，了解黄河的基本情况，完成预习作业。

2. 教师：通过互联网查找与本课内容相关的资料，并制作多媒体课件。

教学目标

1. 明确黄河对我国北方地理环境的重要影响，知道治理黄河的重要意义。

2. 结合黄河流域图，掌握黄河作为河流的一些属性特征，培养读图能力。

3. 能够解释黄河各河段发生灾害的原因以及治理各河段的基本方案，从而学会一些分析问题的方法。

4. 培养爱国之情，树立人地协调观及可持续发展观。

教材分析

有人说，黄河是中华民族的母亲河，它为中华文明的发展做出了巨大的贡献；也有人说，黄河是一条“害河”，它曾多次决口泛滥，给黄河流域的人民带来了深重的灾难。本课教材安排了黄河的地理概况、黄河的忧患、根

① 张雪峰，四川省自贡市蜀光绿盛实验学校。

治黄河三部分内容，目的是让学生了解黄河在我国水系中的地位、黄河的水文特征及黄河给沿岸人民的生活带来的利与弊，并让学生通过对黄河的学习进一步掌握"认识一条河流时应了解哪几个方面的内容"，同时强化忧患意识，掌握学习方法。

教学重难点

1. 记住黄河的地理概况。

2. 能够解释黄河各河段产生灾害的原因，以及治理各河段的基本方案。

教学方法

多媒体演示法、讲授法、自学释疑法、分组讨论法。

教学过程

一、引入新课

(播放音乐《保卫黄河》。)

师：大家刚才听的是什么曲子？提到黄河，有人说，它是中华民族的母亲河，它为中华文明的发展做出了巨大的贡献；也有人说，它是一条"害河"，它曾多次决口泛滥，给黄河流域的人民带来了深重的灾难。那么，我们该怎样看待黄河和治理黄河呢？

二、学习新课

1. 黄河的地理概况

师：我们先了解一下黄河的自然地理概况。

(多媒体展示黄河干流轮廓图。)

出示学习提纲：

(1) 说出黄河的发源地及注入的海洋；(2) 说出黄河流经的省区；(3) 说出黄河的形状像什么字；(4) 说出黄河流经的地形区；(5) 用自己的语言描述一下黄河上游、中游和下游是怎样划分的。

学生打开地图册，读黄河流域图，根据学习提纲小组合作学习。

师：我们说黄河是中华民族的母亲河，为中华民族做出了巨大的贡献，那么它做出了哪些贡献呢？

学生分组讨论并进行全班汇报：

（1）中华文明的发祥地之一。

（2）提供了丰富的水能资源。（水能资源丰富的河段是上游，河流落差大。教师指图说出黄河干流上的主要水电站及水利枢纽工程）

（3）塑造了平原。（宁夏平原、河套平原和华北平原。华北平原主要是由黄河、淮河和海河冲积而成）

（4）提供了丰富的旅游资源。

2. 黄河的忧患

师：黄河有功也有过，历史上黄河曾多次决口泛滥，给黄河流域的人民带来了深重的灾难，成为中国的一大忧患。那么，黄河的忧患主要体现在哪几个方面呢？

（1）黄河的忧患主要体现在哪几个方面

教师引导学生总结出洪水威胁、泥沙淤积、缺水断流、水污染等方面，教给学生分析问题的方法（用一分为二的观点去看问题）。

（出示关于黄河水灾的图片。）

黄河水灾

（2）黄河不同河段产生的环境问题是什么

① 上游

荒漠化问题——既有自然因素又有人为因素。（结合我国的干湿地区分布分析干旱的原因）

凌汛——主要是自然原因。（明确凌汛产生的位置，通过黄河的流向、

纬度位置得出结论）

② 中游

水土流失问题——既有自然因素又有人为因素。

教师画出黄河的主要支流——汾河、渭河及泾河，并引出中游的环境问题：水土流失严重。引导学生分析原因。自然原因：黄土高原土质疏松；降水集中；人为原因：植被破坏（滥砍滥伐、过度放牧）。

③ 下游

“地上河”隐患与凌汛。

教师出示“地上河”图片并提出问题。

a. “地上河”是怎样形成的？（黄河在流经黄土高原地区时由于流速快，所经地段植被情况差，导致带走大量的泥沙，而到了下游，流速变缓，于是大量的泥沙沉积下来，长此以往，堆积在河床上，致使河床不断升高，人们被迫筑堤束水，形成了“地上河”）

b. “地上河”造成的隐患是什么？（暴雨季节，两岸河堤随时随处都有决口的危险，历史上，黄河曾多次决堤泛滥，给黄河两岸的人民带来了深重的灾难）

师：面对黄河的忧患，怎样根治？

3. 根治黄河

师：治理黄河水患，应当在上、中、下游分别采取什么措施？

让学生分小组讨论，并汇报。

（上游：建设大型水库；中游：在中游黄土高原地区开展水土保持综合治理；下游：加固黄河大堤。）

三、课堂小结

师：同学们，这节课你学到了什么？（了解了黄河的自然地理概况，知道了黄河对中华民族做出的巨大贡献以及带来的忧患，并且找到了根治黄河的办法）

师：我们附近的主要河流有哪些？它给我们做出了什么贡献？有没有给我们带来灾难？如何治理才能使其更好地为我们服务？大家课下分组查找资料并讨论，下节课咱们再汇报，下课！

教学反思

1. 以歌曲引入，激发了学生的学习兴趣，让学生自始至终都是学习的参与者。

2. 充分利用地图和多媒体等教学工具，培养了学生利用地图获取信息的能力以及空间想象能力。

3. 针对黄河不同河段的特征，让学生分组讨论并提出治理黄河的措施，培养了学生自主、合作、探究的能力。

4. 课堂练习的时间不够。

（所获奖项：二等奖）

专家点评

学生在问题的引导下，通过自主学习与小组合作学习完成了对本节课内容的学习。

上课伊始，教师以歌曲导入，激发了学生的学习兴趣，之后通过展示图片加深了学生对黄河的认识。在教学过程中，教师通过一系列问题，如“黄河的忧患主要体现在哪几个方面”“黄河不同河段产生的环境问题是什么”“面对黄河的忧患，怎样根治”“治理黄河水患，应当在上、中、下游分别采取什么措施”帮助学生利用所学知识在认识黄河的同时，为治理黄河提出合理的建议，不仅使学生学到了知识，还培养了学生解决问题的能力。

但是本节课中的评价较少，希望教师今后能够将多维度教学评价（生生互评、师生互评）融入课堂中，真正达到以评促学的目的。

（点评人：北京师范大学石家庄附属学校　米亚会）

通过自主探究掌握国家地理的学习方法
——“日本”教案及评析

饶阳梓[①]

教学背景

教学课时：1课时

教学准备：

1. 学生：预习新课。
2. 教师：通过互联网搜索相关资料。

教学目标

1. 了解日本的地理位置、地形及气候。
2. 运用地图和学案，培养读图、析图的能力。
3. 培养防震减灾意识和团队合作意识。

教材分析

本节课的内容，从教材体系上看，既承接了前面的“认识大洲”和“了解地区”两个章节的内容，又联系了后面对其他几个国家的学习，从教材功能上看具有国家地理起始课的作用。同时，日本与我国一衣带水，从社会历史的角度看与我国关系非常密切，学生学习本课时的陌生感相对较少。

本节教材包含东亚岛国、多山的地形、温湿的气候三部分内容，知识点内在联系较多，涵盖面较广，对于引导学生掌握国家地理的学习方法，有很好的示范作用。

---

① 饶阳梓，广东省佛山市三水中学附属初中。

教学重难点

1. 了解日本的地理位置、地形及气候。

2. 运用地图和学案，培养读图、析图的能力。

教学方法

情境创设法、问题讨论法、图案导学法、合作探究法。

教学过程

一、课前欣赏

（播放视频《现代化都市日本的风光》。）

【设计意图】让学生对本课的学习充满期待，为学生进入学习状态做准备。

二、图片和歌曲导入

（播放视频《日本民歌——樱花》，出示一些日本的风光的图片。）

【设计意图】为创设旅游情境做好铺垫。

三、新课教授

1. 开展知识竞答

设置一系列与日本建筑、饮食、服装、旅游胜地等有关的竞答题，学生竞答，通过竞答了解日本的概况。

2. 了解日本的地理位置及范围

（出示日本的地形图。）

师：大家看一看日本地形图，说说日本由哪些大的岛屿组成，周围有哪些海洋以及邻国的名称。

（学生读图，汇报。）

3. 掌握日本的地形及常发生的自然灾害

引导学生结合地图，通过合作探究深入分析日本的地形特征。

（播放视频《日本火山喷发》《日本 8.8 级大地震》。）

师：日本是个多火山、地震的国家。下面大家思考、讨论一下日本多火山、地震的原因。

（学生交流，汇报。）

师：日本有很多火山，火山能给人类带来灾难。但是，在火山非活动期间，能够利用火山为人类造福吗？

（学生小组讨论，全班汇报。）

4. 探究日本的气候

师：下面我们来看看日本的气候特点。

（出示日本气候图。）

学生在教师的引导下根据日本气候图思考、讨论日本的气候特征，并汇报。教师对学生仍存在疑问的地方和考试中易错的地方进行点拨。

四、课堂小结

利用板书归纳本节课的内容，同时引导学生思考自己对日本的哪些方面还存在疑问，并告诉学生可以通过互联网搜索去查找各类资料。

教学反思

一堂好课必须做到激发所有学生都全情投入教学活动的每一个环节中，但要在短短一节课中让学生在欢快的氛围中掌握相关知识，绝非易事。在教学时，我想到如果按照平常的教学方法和思路教学，是较难激发学生的学习兴趣的。于是我借助互联网，通过网络视频、图片等，拓宽学生的知识面，使学生对日本有更直观、深入的认识。比如，通过播放视频《现代化都市日本的风光》让学生初步了解日本；通过播放视频《日本火山喷发》《日本8.8级大地震》让学生深刻体会日本是个多火山、地震的国家。大量的图片和视频资料使得学生的思维空前开阔，使学生对问题的思考变得更加深入，从而顺利地完成了本课的学习任务。通过互联网备课，不仅使教学内容更丰富，而且使我对现代信息技术有了更深入的了解。我们可以预见，互联网搜索在未来教育中所起的作用将会越来越大。

（所获奖项：二等奖）

专家点评

在本课教学中，学生在教师的引导下从地形、气候等方面对日本进行了深入了解，与此同时，教师对学生的分析进行补充和完善，帮助学生掌握分析国家特点的系统分析方法。

本节课教学在充分利用教材的基础上，挖掘互联网中与日本相关的多媒体教学资源（图片、视频），不仅使学生了解了日本的基本情况，还激发了学生的学习兴趣，帮助学生更好地完成了对本节课重难点知识的学习与内化。教师采用合作探究的模式进行教学，引导学生深入分析日本的地形特征，符合初中学生的认知特点，激发了学生的探究兴趣。

如果能再加入有效的教学评价，本课教学将更加完美。希望在今后的教学中，饶老师能够关注教学评价的作用，并努力实现以评促学的目的。

（点评人：北京师范大学石家庄附属学校　米亚会）

骑在羊背上的国家

——“澳大利亚”教案及评析

沈建梅[①]

教学背景

教学课时：1 课时

教学准备：

1. 学生：预习新课，通过互联网查找与本课内容相关的资料。

2. 教师：通过互联网查找资料，制作多媒体课件。

教学目标

1. 能在地图上指出并说出澳大利亚的地理位置、范围。

2. 知道澳大利亚特有的动物，学会运用地图和图片说明澳大利亚特有动物的生存原因。

3. 能运用地图和资料说明澳大利亚的自然条件对其农牧业发展的影响。

4. 通过探究澳大利亚人与环境的关系，初步形成可持续发展观。

5. 培养自主学习、合作探究的意识，提高综合分析地理问题的能力，运用已获得的地理知识和方法，对地理信息进行分析，做出判断，进一步掌握学习国家地理的一般方法。

教材分析

本节课主要包括四个方面的内容：拥有一个大陆、低平的地形、古老的

① 沈建梅，宁夏回族自治区石嘴山市第八中学。

动物、发达的农牧业和工矿业。依据新课标和教材的结构特点及学情，本节课主要通过展示图片与资料，让学生从感性上认识澳大利亚特有的动物，结合澳大利亚独特的地理位置，讨论分析澳大利亚有如此多的古老动物的原因、农牧业生产与地形的关系、农牧业生产与气候的关系。

教学重难点

1. 了解澳大利亚农牧业生产与自然条件的关系。
2. 知道澳大利亚特有动物的古老性及其生存原因。

教学方法

启发诱导法、图示法、情境教学法。

教学过程

一、播放歌曲，引入新课

(播放视频《澳大利亚民歌——剪羊毛》。)

师：这是哪个国家的民歌？歌曲反映出这个国家的什么业很发达？

(学生回答。)

师：澳大利亚虽然在羊身上发了“羊财”，可在澳大利亚的国徽上却没有它的身影。那么，是哪些动物荣登澳大利亚的国徽了呢？

二、合作交流，探索新知

(一) 世界活化石博物馆

活动一：猜动物名称，归纳其特点，认识“世界活化石博物馆”

1. 展示澳大利亚的国徽，让学生说出上面的动物的名称并简单介绍它们的特点。然后展示其他澳大利亚的古老动物的文字资料，让学生猜它们的名称。引导学生从材料中归纳出澳大利亚动物的特点：原始、古老。

2. 出示有关澳大利亚动物的统计材料及图片。这些动物是人类研究地球演化历史的活化石。因此，澳大利亚有了一个非常美丽的称号——世界活化石博物馆。

（出示图片。）

袋鼠

鸭嘴兽

师：澳大利亚为什么有这么多独特的古老动物呢？

活动二：合作探究澳大利亚有许多古老动物的原因

（出示世界地图。）

请学生观察世界地图，然后在白纸上画出澳大利亚轮廓图，并在自己画的图中画出赤道、南回归线，标出太平洋、印度洋。然后小组成员之间交流修改所画地图，教师巡视并适当点拨，引导学生读图归纳澳大利亚的位置特点。

师：为什么澳大利亚孤立地存在于南半球的海洋上，就会有一些古老的动物呢？

教师介绍大陆漂移说，并展示有关大陆漂移说的图片，学生观察澳大利亚位置的变化，然后结合以下三个探究问题小组合作分析澳大利亚有许多古老动物的原因。

① 澳大利亚大陆大约在什么时候与其他大陆分离？

② 澳大利亚大陆长期孤立于南半球的海洋上对生物进化有什么影响？

③ 南极大陆也长期孤立于南半球的海洋上，为何没有古老的动物？

师：澳大利亚位于南太平洋和印度洋之间，面积约774万平方千米，是世界上唯一拥有整个大陆的国家。几千万年以前，澳大利亚就与其他大陆分离，长期孤立于南半球的汪洋之中，加之当地自然条件比较单一，使得动物的演化十分缓慢，又没有大型食肉天敌的干扰，许多珍奇的原始动物在这里生生不息，一直繁衍至今。

（二）骑在羊背上的国家

师：澳大利亚的自然环境还特别适合羊的生长和繁殖。

（简介澳大利亚养羊业的发展史，组织学生通过探究活动学习澳大利亚发达的农牧业。）

活动一：探究澳大利亚养羊业迅速发展的主要原因

（出示澳大利亚地形图和澳大利亚气候类型图。）

指导学生结合这两幅图，分组讨论、交流、总结澳大利亚养羊业迅速发展的主要原因。

活动二：探究澳大利亚农牧业的分布

组织学生分组讨论：假如你是当地的一个牧场主，你会将自己的牧场建在哪里？为什么？

（出示澳大利亚农牧业分布图，引导学生结合图讨论、分析其选择是否正确。）

师：（小结）澳大利亚合理地利用本国的自然条件，因地制宜发展农牧业，促进了经济的可持续发展，值得我们借鉴和学习。

（三）坐在矿车上的国家

师：澳大利亚除了有发达的农牧业外，工矿业也很发达，其矿产资源非常丰富，许多矿产储量居世界前列，下面大家结合澳大利亚矿产及工业分布图来了解一下澳大利亚的工矿业。

（出示澳大利亚矿产及工业分布图。学生读图，交流，汇报。）

三、归纳总结，反思升华

学生交流收获与体会，并对照学习目标检查自己是否达到学习要求。

四、反馈练习，迁移运用

1. 填空题

（1）澳大利亚位于南北半球中的____半球，是一块相对独立的大陆，位于________带和________带，________线穿过它的中部。

（2）澳大利亚是世界上_________数和出口_________最多的国家，素有__________之称。

2. 选择题

（1）以下说法正确的是（　　）。

A. 澳大利亚是个地广人稠的国家

B. 是世界上独占一个大陆的国家

C. 位于印度洋与大西洋之间

D. 位于北半球的国家

(2) 澳大利亚特有的动物是（　　）。

A. 鸭嘴兽　　B. 大食蚁兽　　C. 巨嘴鸟　　D. 卷尾猴

3. 简答题

我们马上要放暑假了，澳大利亚的学生也放暑假吗？为什么？

五、布置作业，巩固提高

师：课后请大家查阅相关资料，看看澳大利亚在环境保护方面有哪些值得我们借鉴的经验。

教学反思

教师是学习活动的组织者、设计者、辅导者，应该创造性地开发、使用教材，据此，我在制订教学目标后，重组教学内容，没有按照教材标题的顺序直接介绍澳大利亚的地理特征，而是以三个非常形象的标题“世界活化石博物馆”“骑在羊背上的国家”“坐在矿车上的国家”来突出澳大利亚的自然环境特征及经济发展特点。我在教学时，从动物的独特性入手，引出澳大利亚的位置特点；从发达的养羊业，引出澳大地亚的地形、气候特点，这种设计改变了学生学习国家地理时的一贯顺序。让学生通过解决问题来完成对新课题的学习，激发了学生探究的兴趣和欲望，同时为教师的教学活动和学生的探究活动提供了空间，教学效果不错。

本节课我设计了较多的小组合作活动，但在活动过程中，有些学生并没有积极参与讨论。在今后的教学中，提出的小组合作学习的要求既要明确、具体，又要有相应的检查措施，以督促学生真正参与到学习活动中去，实现自身能力的提高。

（所获奖项：三等奖）

专家点评

该教案总的来说还是很不错的。教师根据初中学段的学生的认知特点重组教学内容，帮助学生生动、形象地了解了澳大利亚的自然环境特征及经济发展特点。基于PBL教学法，教师以问题为导向，让学生在思考问题的过程中，逐步完成对知识的内化。

在本课教学中，教师设计的小组合作活动比较合理，如组织学生分组讨论“假如你是当地的一个牧场主，你会将自己的牧场建在哪里？为什么？”在紧密结合本节课知识点的同时，给予了学生思考的空间，让学生能够将习得的知识进行灵活应用，进而更好地巩固与内化知识。在导入环节通过播放具有特色的音乐，让学生对教学内容形成了初步的认识。在教学过程中，教师通过展示图片，帮助学生深入了解了澳大利亚的基本情况，使学生在理解的基础上掌握了所学知识。

（点评人：北京师范大学石家庄附属学校　米亚会）

读图认识“热带大陆”
——“非洲”教案及评析

张桂峰[1]

教学背景

教学课时：1课时

教学准备：

1. 学生：预习新课，了解构成气候的要素。

2. 教师：通过互联网查找相关资料，制作多媒体课件，准备地图。

教学目标

1. 了解非洲的气候以及气候类型对称分布的特征，学会看各种气候图，了解气候与农业生产的关系。

2. 学会用对比分析的方法了解尼罗河和刚果河的水文特征。

教材分析

本节课重点学习非洲炎热的气候以及形成这种气候的原因。学习本节知识时，要求学生能运用地图和已有知识了解非洲的气候类型和各种气候类型的基本特征。同时，要掌握非洲的主要河流，并会用对比分析的方法了解尼罗河和刚果河的水文特征。

教学重难点

掌握非洲海陆轮廓的特征以及非洲以高原为主的地形特征。

---

① 张桂峰，山东省潍坊市寒亭区高里中心学校。

教学方法

讨论法、交流法、互动法。

教学过程

一、激情导入

师：非洲的地理位置如何？地形有什么特征？

（学生根据自己课前收集的资料以及课本内容进行小组汇报。）

师：非洲的地理位置对非洲的气候有着深远的影响。

二、自主学习和探究

先看课本，然后独立完成以下问题。

1. 读非洲1月平均气温图和非洲7月平均气温图，回答下面的问题。

非洲的气温特点是__________，________（纬线）穿过非洲的中部，________和________（纬线）分别穿过它的南部和北部，非洲绝大部分地区年平均气温在______以上，因而有“__________”之称。

2. 读非洲年降水量图和非洲气候类型图，回答下面的问题。

非洲是世界上__________面积最大的一个洲。赤道附近的________盆地和几内亚湾沿岸降水多，________线两侧的热带沙漠地区则降水少。

非洲以__________气候为主，气候类型的分布特征是以______为中心对称分布，依次为__________、__________、__________、__________，其中__________是世界上在非洲分布最广的气候类型。

小结非洲的气候特征：普遍暖热，“热带大陆”；降水分布不平衡，干旱区面积大；以热带草原气候和热带沙漠气候为主；气候类型以赤道为中心，南北对称分布。

3. 读有关尼罗河和刚果河的图，回答下面的问题。

（1）说出尼罗河与刚果河的流向，比一比哪一条河的支流更多。

（2）尼罗河与刚果河干流各流经哪些气候区？想一想，哪条河的水量较小、水位季节变化大？

（3）找出尼罗河的两个源头，结合非洲气候类型图，看看它们分别位于哪个气候区。你能解释历史上尼罗河定期泛滥的原因吗？

(4) 尼罗河与刚果河在流经山区时，形成一系列峡谷，多险滩瀑布，所以，尼罗河与刚果河的水力资源都十分丰富。请问这种推断正确吗。

(学生以小组为单位读图，并交流讨论以上问题，之后小组汇报。)

(教师以尼罗河和刚果河为例，介绍非洲气候对河流水文特征的影响。)

三、拓展应用

师：乞力马扎罗山位于赤道附近，为什么山顶却终年被积雪覆盖，成为“赤道雪峰”？从山下到山顶的自然景观发生了哪些变化？

(学生在小组长的带领下，组内交流自己的认识，然后全班汇报并提出本组的问题；教师筛选问题并通过提示、启发的方式帮助学生解决。)

师：为什么马达加斯加岛东部是热带雨林气候而西部是热带草原气候？

(学生通过互联网查找资料，小组讨论，然后各组派代表发言。)

四、课堂小结

师：通过本节课的学习我们知道了非洲气候类型的特征。此外，我们还知道了一些气候类型的形成原因。同学们如果对这节课的相关知识感兴趣，课下可以通过互联网继续学习。下课!

教学反思

本节课要达到的教学目标是，通过读图，学生能分析、总结非洲的地形特点、气候分布等特征。我没有直接将这些内容告诉学生，而是让学生通过读图，自己分析出来。让学生带着问题去探索，学习目的明确，能提高学生学习的积极性，同时培养学生运用地图获取知识的能力。

这节课我以多媒体技术为支撑，有效地利用网络资源，充分发挥学生的主体作用，使信息技术和地理教学融为一体，提高了学生的学习效率。

(所获奖项：三等奖)

专家点评

本课教学在充分利用教材的基础上，深入挖掘互联网资源，真正实现了信息技术与地理教学的有效融合。通过网络资源的使用，使学生清晰地了解了非洲的地形及自然情况，有利于学生掌握新知识。

在导入环节，教师采用的是直接导入法，由于非洲离学生的实际生活较远，未能很好地引起学生的兴趣，激发学生的学习欲望。在今后的教学中，教师可继续发挥互联网的优势，如利用网络图片或视频使学生直观地了解非洲，进而让学生对学习充满期待。在本节课教学中，教师通过学生自主学习和小组讨论交流等多种方法来调动学生的主动性和积极性，使学生在掌握知识的同时掌握了学习的方法。

教师以学生为中心进行教学，但是设计的问题不够开放，大多数问题的答案是唯一的，问题的设计可以更开放一些，以便更好地拓展学生的思维。

（点评人：北京师范大学石家庄附属学校　米亚会）

小组合作探究我国第一长河
——“滚滚长江”教案及评析

张　霞[1]

教学背景

教学课时：1课时

教学准备：

1. 学生：预习新课，收集有关长江的资料。
2. 教师：通过互联网搜索相关资料，制作多媒体课件。

教学目标

1. 认识长江的源流概况。
2. 了解长江干流流经的省（自治区、直辖市）。
3. 知道长江的水系构成和上、中、下游的划分。
4. 理解长江各段的自然特征和丰富的水能资源、巨大的航运价值。
5. 通过对长江水利水害的分析，树立正确的环境观、可持续发展观。

教材分析

长江是我国长度最长、水量最大的河流。本课内容包括源流概况、水系构成、各段特点及开发三部分。

教学重难点

1. 认识长江的源流概况。

① 张霞，山东省滨州市阳信县勃李中学。

2. 了解长江上游水能巨大的原因。

教学方法

1. 小组合作探究法：自主探究与合作学习相结合、自我展示与集体展示相结合。

2. 竞争与互助相结合法：开展组间、同位间互评互比，变机械的记忆为竞赛游戏，提高课堂效率；同时通过同位互助、组内互助等形式，提高学生整体认知水平。

教学过程

一、新课导入

教师展示长江沿岸的景观图片并配以《长江之歌》，以展现长江雄浑壮观、波涛汹涌、奔流入海、一泻千里的气势，给学生视听震撼。

师：同学们知道这首歌赞美的是哪条河流吗？（长江）

师：正如歌中所描述的，“你用甘甜的乳汁，哺育各族儿女”。长江，在中国文明的形成、中国历史的演变、中国经济的发展中都发挥过巨大的作用。今天就让我们一起走进长江，感受一下她的博大精深！

二、源流概况

（出示长江流域水系图。）

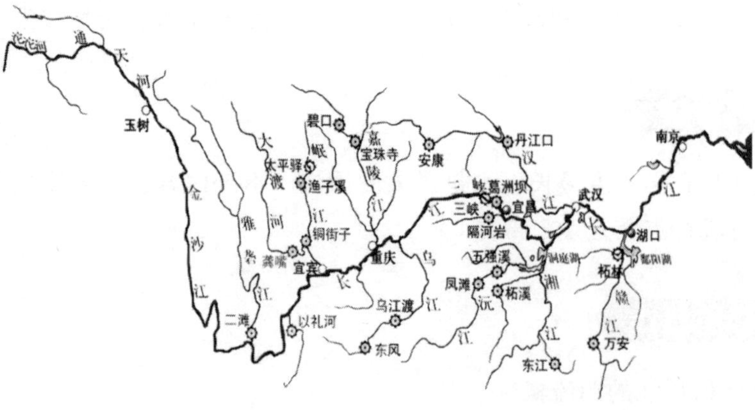

教师引导学生读图，探讨长江的发源地、注入的海洋及长江的长度。学生小组讨论，讨论后选两名代表上台指图说，之后同桌互说巩固。

长江发源于青藏高原上的唐古拉山脉，注入东海，全长6300千米，是我国第一长河，是世界第三长河。

（出示中国地势阶梯图。）

师：长江流经哪些地形区？各在哪一级阶梯？

首先请两名小组代表上台展示，然后师生一起讨论这些地形区所在的阶梯，为下面讲解水能分布做铺垫。

师：（出示中国的省级行政区域图）长江干流流经哪些省（自治区、直辖市）？

小组讨论后，小组代表上台展示，之后同桌之间相互检查。

三、水系构成

（出示长江流域水系图。）

1. 长江的支流和湖泊

主要支流：雅砻江、大渡河、岷江、嘉陵江、乌江、湘江、汉江、赣江。

主要湖泊：洞庭湖、鄱阳湖。

2. 上、中、下游的分界点

分界点：上、中游的分界点为湖北宜昌，中、下游的分界点为江西湖口。

请小组代表上台进行展示，之后同桌互相说一说，加深理解和记忆。

四、各段的特点

1. 上游的特点和开发

通过互联网搜索“长江三峡”；出示瞿塘峡、巫峡、西陵峡的景观图片，使学生加深对上游河段落差大、水流湍急、水能资源十分丰富的特点的了解。

（出示长江干流剖面示意图。）

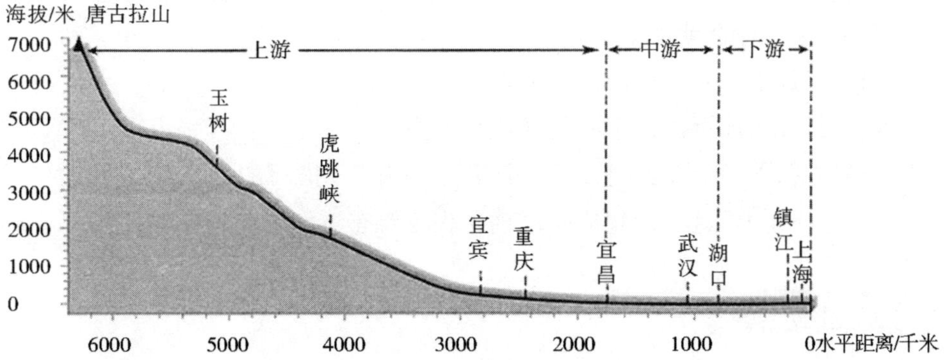

师：长江上游为什么水能资源十分丰富？

小组讨论后选代表上台指图讲述，其他组补充。

2. 中游的特点和治理

师：（出示荆江河段图片）长江中游易发生什么灾害？（中游河段地势低平，河道蜿蜒，水流不畅，易发生洪涝灾害）

指导学生阅读、思考、讨论，请学生发言，然后教师归纳。

教师介绍“裁弯取直”工程、退耕还湖措施，渗透环保教育；播放视频《1998年抗洪纪录片》，渗透爱国主义教育。

3. 下游的特点和航运

师：长江下游有什么特点呢？

（学生回答。教师总结：下游河段地势更趋低平，江面更为开阔，不少江面宽在10千米以上。）

教师播放视频《长江入海口》，展示长江入海口壮观景象及航道上的航运图片，加深学生的印象。

五、课堂小结

师生共同梳理知识点，分享收获。

六、达标测试

1.“千里长江，险在荆江”的主要原因是（　　）。

A. 支流多　　B. 流域广　　C. 湖泊多　　D. 河道特别弯曲

2. 长江最长的支流是（　　）。

A. 赣江　　B. 湘江　　C. 汉江　　D. 岷江

3. 长江三峡位于长江的（　　）。

A. 上游　　B. 中游　　C. 下游　　D. 支流

4. 回答下面的问题。

（1）长江上、中、下游的划分点是__________和____________。

（2）长江水能资源最丰富的河段是源头至__________（城市）。

（3）“朝辞白帝彩云间，千里江陵一日还”，描写的是长江流域的____（上、中、下游），这一段建成的水利工程主要有__________、__________。

教学反思

本节教学充分发挥网络资源的优势，突出了地理学科综合性强的特点。

整节课以学生活动为主，多样的活动，发挥了学生的能动性和积极性，使学生的主体地位得到充分体现，而教师只起把学生各个阶段的活动串起来的导线的作用。

（所获奖项：三等奖）

专家点评

本课基于“以学生为主体，以教师为主导”的教学理念，通过让学生自主学习、合作学习、自我展示、集体展示，充分发挥了学生的主观能动性，让学生成了知识的加工者、处理者、获得者。教师在充分利用教材的基础上，通过互联网搜索更多的资源，顺利突破了教学重难点，真正实现了信息技术与地理教学的有效融合。

在导入环节，教师通过呈现图片、音频等多媒体素材，让学生对本节课内容形成了初步的认识。在教学过程中，教师通过运用与内容紧密相关的网络资料，帮助学生快速形成了完整的知识体系。教师在教学中引入了竞争机制，这符合中学生的年龄特征，能够调动学生的积极性，使学生在不知不觉中完成知识的内化。

（点评人：北京师范大学石家庄附属学校　米亚会）

利用网络资源，变抽象为具体

——“海陆的变迁”教案及评析

董电彪[①]

教学背景

教学课时：1课时

教学准备：

1. 学生：预习新课，了解海陆变迁；通过互联网搜索有关海陆变迁的事例。

2. 教师：通过互联网搜索相关资料，制作多媒体课件。

教学目标

1. 举例说明地球表面海陆的变迁。

2. 了解大陆漂移说和板块构造学说的基本观点。

3. 运用板块构造学说，解释地球表面基本面貌的形成及发展变化。

教材分析

本节教材主要讲述沧海桑田的变化以及形成这种变化的原因。本节课主要包括三部分内容：沧海桑田、从世界地图上得到的启示、板块的运动。通过本节课的学习，学生能运用实例说明海陆的变迁，树立海陆是不断运动变化的辩证唯物主义科学观，了解大陆漂移说和板块构造学说的基本观点。

① 董电彪，河南省平顶山市第二十四中学。

教学重难点

1. 树立海陆是不断运动变化的科学观点，培养学生的科学兴趣和求真求实的科学精神。

2. 寻找大陆漂移的证据。

教学方法

合作探究法、情境创设法、多媒体演示法。

教学过程

一、创设情境，导入新课

（播放动画《沧海桑田》。）

师：海陆真的可以变迁吗？

学生观看动画，思考并回答问题。

【设计意图】吸引学生，激发学生的学习兴趣。

二、提出问题，质疑探究

师：你能找到哪些证据来证明海陆的变迁？

学生探究。

出示“台湾海峡的形成是填海造陆引起的海陆变化吗”的资料。学生小组讨论，举出海陆变迁的事例，认识到海陆是可以变迁的。

【设计意图】使学生认识到海陆的不断变迁。

三、拓展延伸，加深印象

（展示喜马拉雅山上的海洋生物化石图片。）

学生观看、思考、讨论。

【设计意图】层层递进，让学生对地形的变化产生感性的认识，同时进一步证实海陆变迁的结论。

四、教师小结，设疑过渡

师：海洋可能成为陆地，陆地也可能变为海洋，地形是不断变化的。是什么神奇的力量促使地形发生变化的呢？

学生阅读课文，分组讨论、回答。

【设计意图】环环相扣，层层设疑，再次激发学生的探究欲望。

五、展示资料，强化结论

师：促使地形发生变化的力，一种来自地球内部，如地壳运动、火山喷发、地震等；另一种来自地球外部，如流水、风力、海浪等。它们相互作用，共同塑造了千姿百态的地形。

（出示图片。）

流水侵蚀地貌

风蚀地貌

学生观看、思考、质疑、讨论。

【设计意图】培养学生的合作能力及读图、分析、归纳能力。

六、设疑诱导，活动寻证

师：内力作用和外力作用共同促使地形不断变化。对于海陆变迁，人们有过很长时间的争论，德国科学家魏格纳提出了大陆漂移说。那么，什么是大陆漂移说呢？

学生阅读教材相关内容，了解大陆漂移说。教师介绍魏格纳和大陆漂移说。

师：我们能找到证据来证实大陆漂移说吗？

学生剪出非洲和南美洲的轮廓进行拼合，寻找证据证实大陆漂移说。

【设计意图】通过活动引发学生的探究兴趣，使学生掌握验证假说的方法。

七、总结巩固，系统整理

（出示大陆的漂移图。）

师：大陆漂移说认为，在两亿年前，地球上各大洲是相互连接的一块大陆，它的周围是一片汪洋。后来，原始大陆才分裂成几块大陆，缓慢地漂移分离，逐渐形成了今天七大洲、四大洋的分布状况。

师：通过本节课的学习，你有哪些收获？

学生回答、讨论。

教师利用多媒体展示习题，组织学生开展课堂知识竞赛。

师：课下，同学们可以通过互联网搜索本节课的相关内容，对海陆的变迁进行更深入的了解。

【设计意图】最后的总结能帮助学生梳理、内化今天所学的知识；开展课堂知识竞赛，使学生巩固所学知识。

教学反思

1. 根据学生的兴趣，设计教学方法

本节课内容比较抽象，海洋变成陆地，陆地又变成海洋，这是一个长期而漫长的过程，学生在生活中根本感受不到，如果单凭学生用脑想象，教学效果是很差的，所以如何解决这一问题是上好这节课的关键。因此，在教学时，我首先播放动画《沧海桑田》，直接点出海陆变迁的观点，使学生对此问题有了明确的认识；随后让学生讨论“台湾海峡的形成是填海造陆引起的海陆变化吗”；接着展示喜马拉雅山上的海洋生物化石图片，使学生对海陆的变迁形成感性认识。关于大陆漂移说这部分内容，我让学生小组合作拼合非洲和南美洲的轮廓图，由此引出魏格纳与大陆漂移说，使学生从更深层次上认识了海陆的变迁。

2. 依据学生的思维习惯，设计教学过程

学生是课堂的主人、学习的主人。教师对教材以及教学方式的选择要取决于学生的实际情况。在教学过程中，教师要根据学生的思维特点设计教学过程。在本节课教学中，我对学生的学习方法做了以下指导。

（1）阅读分析法。通过指导学生阅读、分析课文和地图，引导学生认真观察，发现问题，并自主寻找问题的答案。这种方法是地理学科学习中经常使用的学习方法。

（2）实践探究法。我让学生看、画、剪、拼地图，然后让学生大胆猜想和讨论，教给学生观察、制作、分析、归纳的方法，培养了学生的思维能力和动手能力。

3. 依据学生的年龄特点，设计教学细节

本课并不要求学生掌握多少海陆变迁的资料，而是注重培养学生科学的研究方法和态度。初中生喜欢新奇有趣的东西，因此，在教学中，我比较注意用一些形象的比喻和生动的例子来激发学生的学习兴趣，如在一开始上课时就通过《沧海桑田》的动画吸引了学生的注意力，使学生乐于接受。

本节课的教学让我深深体会到，在教学中不容忽视的是每一个细节，任何一个细节都可能影响教学效果。所以在教学中，教师要重视每一个细节的设计，全面、多方位地考虑学生的需求，只有这样才能提高教学效果。

本节课基本上完成了教学目标，学生能够积极地思考问题，大胆地提出自己的见解。

（所获奖项：三等奖）

专家点评

本节课主要体现了“以学生为中心”的教学理念，学生通过自主学习、活动探究，在教师的积极引导下，化抽象的海陆变迁为形象、有意思的小知识点，在理解的基础上完成知识的内化。董老师引导学生阅读（阅读课文和地图）、探究（看、画、剪、拼地图）、合作，培养了学生的动手能力和团队意识，进而促进了问题的高效解决。在教学过程中，董老师不仅充分利用教材，还深入挖掘互联网资源，帮助学生更好地完成了知识的有效内化。通过视频、图片等资料的呈现，不仅帮助学生更好地理解了海陆变迁，还使学生掌握了一条解决问题的路径（互联网搜索），这对学生来说是非常重要的。

本课教学在细节上还存在一些问题，布置的课外探究作业对学生来说范围太广，会使学生不知道应该完成哪一个主题的探究，因此在课外探究的任务布置上，一定要注意明确性。

（点评人：北京师范大学石家庄附属学校　米亚会）

动画演示破难点，问题引导促高效
——“季风气候显著”教案及评析

魏　茹[①]

教学背景

教学课时：1 课时

教学准备：

1. 学生：通过互联网搜索什么是季风、什么是季风气候，了解当地夏天和冬天的风向。

2. 教师：通过互联网搜索素材，制作多媒体课件。

教学目标

1. 了解我国季风气候的基本特点、影响范围及季风带来的利与弊。

2. 能读懂气温曲线图与降水柱状图，并能根据图中的信息归纳出某地的气候特点，提高读图能力。

3. 了解锋面雨的形成过程，掌握锋面雨带的推移规律。

4. 能将所学知识用于实际，服务于社会。

教材分析

季风气候显著是我国气候的主要特点之一，它与人们的生活和我国的农业生产有着密切的联系。本节内容是对前面所学的我国气温与降水内容的总结和深化，同时为进一步学习中国的区域地理奠定了基础。

① 魏茹，江苏省大港中学。

教学重难点

1. 了解我国季风气候的基本特点、影响范围及季风带来的利与弊。
2. 知道季风气候对我国生产、生活的影响。
3. 了解锋面雨的形成过程，掌握锋面雨带的推移规律。

教学方法

自主合作探究法、比较分析归纳法。

教学过程

一、激趣导入

(播放视频《生态家屋之贝都因黑帐篷篇》《美丽的家乡——湖南省南县》。)

通过视频引出我国气候的主要特点之一：季风气候显著。

二、概念讲解

师：季风和季风气候有什么不同呢？课前老师让大家查阅了相关资料，谁来汇报一下？

学生汇报，教师补充，总结出季风是一种风，而季风气候是一种气候类型。

师：既然说我国季风气候显著，那么影响我国气候的主要因素到底有哪些呢？

三、自主探究

(出示中国的冬季风和夏季风示意图。)

学生读图，分析我国冬季风、夏季风的特征，并完成下面的表格。

风向	冬季风	夏季风
陆地气压		
源头		
特点		
影响	各地降水______，加剧____方寒冷，增大南北________差异。	夏季风到达地区，降水普遍______，使我国降水集中在____季。

师：在我国，根据实际情况划分出了季风区与非季风区。

（展示我国季风区与非季风区示意图，学生读图思考问题。）

（1）我国划分季风区与非季风区的依据是什么？

教师引导学生先找出夏季风在我国的主要影响范围，再对照季风区与非季风区的划分界限，分析得出结论。

（2）我国季风区与非季风区的分界线上主要有哪些山脉？

学生对照地图册中的中国地形图，找出季风区与非季风区分界线上的主要山脉。

（3）我国季风区与非季风区的降水有什么不同？以广州市与吐鲁番市为例进行对比说明。

教师展示广州市与吐鲁番市的气温曲线图与降水柱状图，引导学生通过读图，分析两个地方的降水特点，进而总结出季风区与非季风区的降水差异。

【设计意图】问题层层递进，使学生通过分析问题，深刻理解我国季风区与非季风区的划分。

师：我国东部地区的降水主要是由夏季风带来的，那么我国季风区内的主要降水类型是什么呢？它又是怎样形成的呢？

学生阅读课本中的阅读材料“锋面雨”，结合锋面雨示意图认识锋面雨。动画演示锋面雨的形成过程，帮助学生理解。

（播放视频《雨带推移》。动画演示锋面雨带的推移，帮助学生了解其推移规律。）

师：每年五、六月份，长江中下游地区的冬季风、夏季风势均力敌，雨带在此徘徊，由于恰逢梅子成熟，所以人们又称之为梅雨季节。到了七、八月份，随着冬季风的北退，雨带移出长江中下游地区，出现了晴朗干旱的天气，这种在伏天发生的干旱被称为伏旱。

【设计意图】学生通过形象的动画演示，能更好地理解锋面雨的概念及其形成过程。

师：下面我们来探讨一下我国季风气候的特征及影响。

（出示季风区若干城市年内气温和降水量图。）

引导学生读图，分析我国季风区的降雨和气温在时间上的配合，进而思考这种降雨和热量的配合特点对农业生产有什么好处。之后引导学生结合自身感受分析季风气候给镇江带来的影响——抛开价钱问题，镇江人买楼时该如何从朝向、楼层方面进行选择？（朝向：坐北朝南，可迎接温暖湿润的夏季风，抵挡寒冷干燥的冬季风。楼层：一般不选择首层，因为镇江属于亚热带季风气候，雨季长，潮湿）之后，让学生将阿拉伯半岛与长江中下游地区的气候进行对比，再次理解季风气候“雨热同期”对农业的影响。

【设计意图】培养学生的分析能力，同时将知识与生活相联系，使学生认识到地理与人类生活的密切关系。

师：季风气候能给我们的生产、生活带来好处。如果季风活动不稳定，会发生怎样的事情呢？下面我们来了解一下季风气候带来的灾害性天气。

学生以小组为单位讨论、汇报，分别介绍干旱、台风、寒潮、洪涝四种由季风气候带来的灾害性天气，学生结合生活体验发表意见，教师补充、扩展。

四、练习巩固

1. 在我国，与 1 月份 0℃ 等温线相一致的等降水量线是（　　）降水量线。

A. 1600 毫米　　B. 800 毫米　　C. 400 毫米　　D. 200 毫米

2. 属于我国季风区和非季风区分界线上的山脉是（　　）。

A. 大兴安岭　　B. 太行山　　C. 巫山　　D. 雪峰山

3. 梅雨和伏旱出现在（　　）。

A. 南部沿海地区　　B. 长江中下游地区

C. 华北地区　　D. 东北地区

教学反思

季风气候显著这部分内容是本册教学内容中的一个重点和难点，它是后面学习我国气候特点以及我国降水分布、植被分布、农作物分布、农业生产地区差异的基础。如何让学生理解、掌握并能用所学知识解释相关现象，对于学好以后的内容至关重要。

从本课教学来看，我觉得以下几个地方做得比较好。

1. 充分利用网络资源。课前，我让学生利用网络预习教材内容，激发了学生的学习兴趣。在教学中，我将网络资源与教材内容相结合，使内容变得直观、形象、生动，易于学生理解，同时使学生体会到互联网的作用。

2. 充分联系生活实际，化难为易，化抽象为形象，同时让学生从身边的地理知识学起，符合新课程的基本要求，也体现了理论联系实际的教学原则。

3. 注重发挥地图的作用。充分利用地图进行教学，降低了学生的学习难度，有助于学生理解。

4. 注重培养学生的读图能力。在教学中，我让学生从地图上获取有用的信息并进行分析、归纳、总结，培养了学生的读图能力。

但是，本课教学也存在一些问题。

1. 在学生读图的时候要加强指导并注意语言的准确性。

2. 在学生进行小组讨论时，我应加强纪律监管，防止个别学生趁机闲聊，影响探究的结果和气氛。

3. 对于形成性答案，要予以适当总结并让学生记录，以加强学生的印象。

我认为本节课教学效果不错，大部分学生都较好地达成了学习目标。

（所获奖项：三等奖）

专家点评

魏老师的这节课总体来说还是不错的。在教学中，魏老师为学生搭建了“脚手架”，使学生能够在思考中实现基本知识与基本技能的内化。此外，制订的教学目标符合初中生的认知特点。

本节课采用了自主合作探究的教学方法，不仅培养了学生解决问题的能力，同时培养了学生的团队合作能力。教师在充分利用教材的基础上，注重挖掘网络资源，帮助学生更好地完成了本节课知识点的学习。在导入环节，教师通过播放视频引出教学内容，激发了学生的学习兴趣。在教学锋面雨的形成过程时，教师采用动画演示，不仅吸引了学生的注意力，还帮助其直观地理解了锋面雨产生的原因。之后，教师让学生结合本节课所学知识分析季风气候给镇江带来的影响，让学生在角色扮演（买房者）中，体会到季风气候对自己实际生活的影响，做到了知识来源于生活，又应用于生活。

（点评人：北京师范大学石家庄附属学校　米亚会）

在讨论中学习对生活有用的知识

——“人类的聚居地——聚落”教案及评析

宋晓文[①]

教学背景

教学课时：1课时

教学准备：

1. 学生：预习新课，了解聚落与自然环境的关系。
2. 教师：制作多媒体课件。

教学目标

1. 通过观察乡村景观和城市景观的主要差异，提高从图片中获取地理信息的能力。

2. 了解聚落形成与发展的主要因素，能分析民居与当地自然环境的关系。

3. 通过讨论聚落中民居的开发与保护问题，明确保护世界文化遗产的重要性。

教材分析

本课内容根据新课标的基本理念，旨在让学生学习对生活有用的地理，学习对终身发展有用的地理。针对学习对生活有用的地理的理念，教材中安排了有关聚落与环境的内容，使学生懂得聚落的形成与环境密切相关。针对学习对终身发展有用的地理的理念，教材安排了聚落的发展与保护的相关内

① 宋晓文，吉林省长春市第一五四中学。

容，让学生在理解地理知识的同时，树立保护文化遗产的意识。

教学重难点

1. 描述乡村景观和城市景观的差别。
2. 明确聚落与环境的关系。

教学方法

根据学生的年龄特点及心理发展规律，采用导向互动对话模式，在教学中运用观察、对比、讨论、小组合作等多种方法，引导学生看书、讨论，让学生联系现实生活中的经历和体验，探究知识。

世界各地的自然环境及文化习俗等差异很大，因而聚落景观各有千秋，教材中的内容并不能满足学生了解世界的愿望，因此，在教学中利用多媒体为学生构建一个开放式的课堂，从而拓宽学生的学习空间，起到直观教学、提高课堂效率的作用。

教学过程

一、图片导入

（出示乡村和城市的景观图。）

师：世界上的人们居住在不同的地方，这些地方大致可以分为两类，同学们知道是哪两类吗？（乡村和城市）乡村和城市都是人们的集中居住地，我们称之为聚落。聚落不仅是人们的居所，也是人们进行劳动生产和社会活动的场所。今天就让我们一起走进聚落看看吧。（板书课题）

二、教授新课

1. 乡村与城市

（出示有关农村、牧场、渔村、林场和城市的图片。）

师：乡村景观和城市景观有何不同呢？居住在乡村和居住在城市的居民所从事的生产活动有何不同？

（把学生分成乡村组和城市组，让学生观察图片，讨论乡村景观和城市景观的主要差异，同时填写下面的乡村景观与城市景观差异表。之后每组派代表上台指图描述。）

不同聚落	房屋		道路修筑情况	商店	学校	医院	有无农田	有无果园	有无鱼塘	其他差异
	密集度	高度								
乡村	稀疏	矮	稀疏	少	少	少	有	有	有	人口稀疏
城市	密集	高	密集	多	多	多	无	无	无	人口密集

师：通过以上分析，我们知道了乡村与城市不仅景观不同，而且人们从事的生产活动也不同。下面这两张图中的村落哪个分布在亚洲？哪个分布在欧洲？

（出示图片。）

亚洲村落

欧洲村落

（学生讨论。）

（提示：亚洲乡村人口众多，村落中的房屋较密集；欧洲乡村人口较少，农业机械化程度较高，村落中的房屋较分散。）

师：通过对这部分内容的学习，我们知道了不仅乡村和城市的景观有差异，而且即使同样是乡村，不同地区的景观也是不一样的。聚落受自然、经济等环境的影响很大。

2. 聚落与环境

（出示聚落形成与发展的有利条件示意图。）

师：人们为什么要选择自然条件比较优越的地区作为聚居地？

（学生讨论、汇报；教师补充、总结。）

（出示有关平原和荒漠的图片。）

师：目前世界上的聚落为什么较为集中地分布在平原地区，而高山和荒漠地区则较少甚至没有？

（学生分小组讨论并汇报。）

师：目前，在一些河流中下游平原地区或河口、沿海地区，工农业生产比较发达，聚落分布比较密集；在高山、荒漠地区，则少有或没有聚落。

（出示图片。）

东南亚的高架屋

西亚的村庄

北极地区因纽特人的冰屋

中国黄土高原上的窑洞

学生读图，讨论民居与当地自然环境的关系，并完成下表。

不同的民居	当地的气候特点	民居的建筑特点
东南亚的高架屋		
西亚的村庄		
北极地区因纽特人的冰屋		
中国黄土高原上的窑洞		

师：世界各地自然环境差异很大，各民族的生活习俗、历史、文化、宗教信仰等不同，所以聚落在发展过程中，形成了不同的建筑风格，聚落的建

筑外貌、建筑材料等会因环境而异。随着人口的增长和社会的发展，聚落也在不断地发生变化，但聚落的某些变化也给人类留下了很多遗憾。

3. 聚落的发展与保护

指导学生阅读教材相关内容，分组讨论以下问题。

(1) 聚落的发展有哪些主要的表现?

(2) 为什么在聚落发展的同时要注意保护有特色的传统聚落和民居?

(播放视频《意大利水城威尼斯风光》，出示周庄和平遥古城的图片。)

师：四合院是北京传统民居的代表，在城市建设和发展过程中，对于四合院的开发和保护有不同的观点和做法，你的看法是什么呢?

(学生表达自己的看法。)

师：通过这节课的学习，你知道或了解了关于聚落的哪些方面的知识?

(学生归纳总结。)

三、课堂小结

1. 让学生快速浏览本课内容并回忆教师讲述的内容，从整体上感知和把握所学知识。

2. 让学生口头表述自己的收获。

教学反思

本课是在学习了“人口与人种”“世界的语言和宗教”之后，从学习对生活有用的地理，学习对终身发展有用的地理的理念出发，引导学生进一步探究人类的聚居地——聚落的形成与发展及其与环境的关系。课堂上，我通过图文形式，带领学生探究什么是聚落、乡村与城市、聚落与环境、聚落的发展与保护等问题，启发学生在观察、思考、分析中灵活运用地理知识，培养了学生主动学习、自主探究的能力。

我利用多媒体课件进行教学，充分利用多媒体信息技术为学生创设平台，促使师生、生生互动，变单向性传递为多向性传递，使学生由原来的静态的、封闭的学习方式变为动态的、开放的学习方式，提高了学习效率。

在教学聚落的发展与保护时，我让学生分组探究，通过小组讨论、小组合作，学生可以相互取长补短、互相启发，进而发现问题、分析问题、解决问题。在这一过程中，学生运用自己学到的地理知识去解析身边的事物，真正做到了学以致用，同时激发了责任感和危机感，树立了保护世界文化遗产、保护传统聚落的意识。

不过，本节课教学也存在一些问题。例如，我在教学过程中没有做到完全放手，讲的仍然过多，学生的主体地位体现不够充分。在今后的教学中，要多些引导、启发，多为学生创造独立思考与展示的时间和空间，让学生自己学习、合作探究。又如，我发现一些学生基本上处于被动学习的状态，他们只是在小组讨论交流时偶尔参与。在课堂上如何正确引导这部分学生参与到学习中来？怎样真正做到面向全体学生？如何让每一个学生都有收获？这些问题都需要我在今后的教学教研中去认真研究。

（所获奖项：三等奖）

专家点评

宋老师的这节课总体来说还是不错的，充分发挥了学生的主体作用，让学生成为知识的有效建构者。

在导入环节，宋老师通过展示图片，让学生对聚落形成了初步的认识，激发了学生对后续学习的兴趣。在教学聚落与环境的关系时，宋老师展示了大量具有代表性的图片，帮助学生加深了理解。在本课教学中，宋老师引导学生运用自己学到的地理知识去解析身边的事物，达到了知识为生活服务的目的。通过一系列知识的学习，在宋老师的积极引导下，学生树立了保护世界文化遗产、保护传统聚落的意识，并形成了人地关系协调发展的思想。

不过本课教学还存在以下两个小问题：（1）教学目标编写不够清晰；（2）虽然在教学中采用了分组法，但是组别过大，会让人产生为了小组合作而合作的感觉，希望宋老师能够在今后的教学中有所提高。

（点评人：北京师范大学石家庄附属学校　米亚会）

在讨论中认识身边的事物

——“‘齐鲁大地’——山东省”教案及评析

孙秀梅[①]

教学背景

教学课时：1课时

教学准备：

1. 学生：预习新课，了解山东省。

2. 教师：通过互联网搜索相关资料，制作多媒体课件。

教学目标

1. 能说出山东省的简称及“齐鲁”的由来。

2. 知道山东省发达的交通。

3. 能在中国地图上指出山东省所处的位置，知道山东省拥有丰富的旅游资源，熟悉山东省主要旅游景点的分布。

4. 树立环境保护和可持续发展的观念，增强爱祖国、爱家乡的情感。

教材分析

本册教材按照“沿海万里行”“陆疆万里行”“黄河万里行”“长江万里行”四大版块来介绍我国的各个省区。作为一个沿海省，山东省借助优越的地理位置、发达的交通、丰富的旅游资源等，经济得到迅速发展，成为其他地区发展经济的一个典范。

① 孙秀梅，山东省寿光市台头镇第一初级中学。

教学重难点

1. 了解山东省的位置和发达的交通。

2. 知道山东省丰富的资源。

教学方法

自主、互助、合作探究法，读图填图法、分组讨论法、情境创设法。

教学过程

一、情境导入

（播放视频《好客山东》。）

师：山东省物华天宝，人杰地灵。作为山东人，我们今天就从地理的视角来了解一下山东省。

（出示中国的省级行政区域图。）

师：（在图中指山东省的位置）山东省简称"鲁"，又称"齐鲁"。这是因为春秋战国时期，齐国和鲁国都位于现在的山东省境内。

（板书："齐鲁大地"——山东省。）

二、新课讲授

1. 温故知新

活动一：自主练习

（1）山东省位于______河下游，北临______海，东临______海。

（2）完全在山东省境内的调水工程是____________。

（3）山东省属什么气候？主要的农作物有哪些？（包括粮食作物、油料作物、经济作物）

（学生自主完成后在组内交流，组内解决不了的问题由其他组帮助解答。教师巡视，观察易错点，及时点拨。）

【设计意图】这部分内容前面已经学习过，让学生独立自主完成，以期达到复习巩固的目的，真正做到"温故而知新"。

活动二：读图练习

请同学们自读教材相关内容和山东省旅游与交通图，自主完成以下问题。

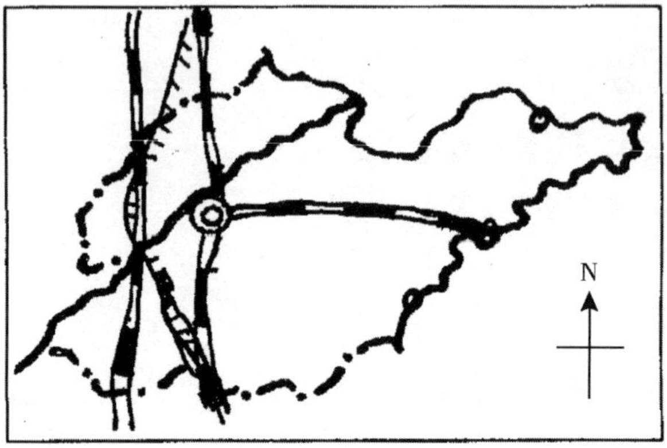

在上图中的相应位置写出：

临海：渤海、黄海。

邻省：河北省、河南省、安徽省、江苏省。

河：黄河、京杭运河。

海港城市：青岛、烟台、日照。

铁路线：京沪线、京九线、胶济线。

（学生自主活动，之后全班汇报。）

师：（出示山东省交通图）山东省交通发达，公路、铁路、海运、内河水运、航空等运输方式齐全，尤以公路交通最为突出。山东省内的重要城市都已由高等级公路连接起来。（板书：发达的交通）

（播放视频《远方的家之沿海行：多彩山海城——青岛》。）

【设计意图】锻炼学生的读图能力和填图能力，培养学生从图中提取信息的能力，提高学生的动手能力，使学生建立地理空间思维。

师：山东省不仅地理位置优越、交通发达，而且资源也相当丰富。下面请同学们小组合作进入合作探究环节。

2. 合作探究

读山东省旅游与交通图，小组合作完成下面的问题。

（1）山东省自然资源十分丰富，你能总结出来吗？

（2）山东省旅游资源丰富，请你尽可能多地列举出来。游客想要欣赏泰山、孔府、孔庙、孔林、水泊梁山、大明湖等景点，假如你是导游，请以济南为起点，设计一条最佳旅游交通路线，将上述景点串联起来。

（学生分组讨论，展示交流成果。）

① 矿产资源丰富

(出示中国矿产分布图及有关胜利油田、招远金矿的图片。)

② 海洋资源丰富

(出示海产品图片。)

师：为什么山东省的海洋资源很丰富?

(学生回答。)

师：除此之外，山东省还是全国著名的海盐产区。

(出示山东海化羊口盐场图片。)

③ 旅游资源丰富

(播放视频《山东旅游宣传片》。)

师：你看到了哪些景点，它们都在哪里呢? 说说看。

(学生回答。)

【设计意图】本环节旨在培养学生与他人合作的意识及团队精神。通过设计串联旅游景点的旅游交通线路图，加强学生读图、识图的能力，激发学生学习的积极性。

3. 拓展提升

师：在发展经济的同时，我们也不能忽略环境的保护。一位人大代表在社会调研中发现了以下现象和问题，请各小组选择一项作为议题，并商讨对策。

(1) 济南市曾是"四面荷花三面柳，一城山色半城湖"的魅力城市，但近几年的趵突泉等名泉曾一度停喷。

(2) 在山东省境内黄河经常断流。

(3) 山东省部分海域赤潮时有发生。

(学生小组活动，教师在学生活动的基础上，引导学生关注社会热点、新闻焦点，关心身边的环境。)

(播放视频《康菲溢油事故诉讼半年无一桩被立案》。)

师：保护环境，人人有责。你打算如何从自身做起，保护我们的环境，说说你的想法。

【设计意图】关注资源的可持续发展，关注时事热点、新闻焦点问题，能够激发学生的好奇心和求知欲，为教学内容的展开注入"催化剂"。

三、课堂小结

师："五一"期间，如果让你以"好客的山东欢迎你"为主题，从地理的角度向别人介绍山东省，静下心来想一想，你要如何介绍。

（学生快速浏览本节课教学内容，从整体上感知和把握所学知识，然后相互交流。教师深入学生中点拨、指导。）

【设计意图】本环节既可发挥学生的想象力，激发学生的发散性思维，又引导学生对本节课做了精彩的总结。

四、课堂练习

1. 山东省交通发达，各种运输方式齐全，其中最为突出的是（　　）。

A. 铁路　　B. 公路　　C. 水运　　D. 航空

2. 下列景观中，不属于山东省的是（　　）。

A. 孔府　　B. 泰山　　C. 花果山　　D. 水泊梁山

3. 下列油田属于山东省的是（　　）。

A. 胜利油田　　B. 辽河油田　　C. 大庆油田　　D. 华北油田

4. 有关山东省的叙述，不准确的是（　　）。

A. 我国经济最发达的地区　　B. 黄河、京杭运河穿境而过

C. 旅游资源丰富　　D. 全国著名的海盐产区

五、课后延伸

师：寿光市是我国县域经济与县域竞争力百强县市，为了当地经济的发展，政府出台了哪些举措？你认为应当如何处理好经济发展与当地环境的关系？通过互联网搜索有关资料，结合你的想法，写一篇小论文。

教学反思

作为山东人，教学时，应体现山东人爱家乡的情感，同时把保护环境、可持续发展的理念贯穿其中，带着这样的想法我设计了这节课。一方面，山东是孔子的故乡，《论语》中诸多有关学习的经典语句学生耳熟能详，于是我将其穿插于各环节当中，既起到警醒的作用，又能够培养学生的自信心；通过学习山东省优越的地理位置、发达的交通、丰富的资源，培养学生爱家乡的情感；另一方面，山东省虽然资源丰富，但我们也要有危机意识，要走可持续发展道路，所以我设置了课后延伸环节，教育学生注意保护环境。

在教学中，我还利用山东省康菲溢油事故和“五一”旅游宣传等情节，让学生结合社会热点和新闻焦点，关注我们身边的人和事，切实体会“生活中处处有地理，地理中处处有生活”，不仅增加了学生学习地理的兴趣，还优化了教学过程，实现了轻负担、高质量的地理课堂教学。

（所获奖项：三等奖）

专家点评

本课教学基于“以学生为中心”的教学理念，引导学生通过探究活动进行自主学习，关注了学生的主体地位，学生成了课堂的主人。

在导入环节，教师通过播放视频《好客山东》，使学生对整个山东省形成了初步的认识，增强了归属感，激发了学习的积极性。在教学过程中，教师通过大量的图片和视频引出新的知识点，增强了教学内容的趣味性及学生学习的主动性。之后，教师利用康菲溢油事件和“五一”旅游宣传等情节，将教学内容与社会热点相结合，让学生有意识地去关注身边的人和事，进而体会到“生活中处处有地理，地理中处处有生活”。在小组合作探究过程中，教师通过搭建“脚手架”，帮助学生解决问题，完成教学重难点知识的内化。在教学小结环节，教师让学生以“好客的山东欢迎你”为主题，从地理的角度向别人介绍山东，实现了跨学科的整合，使地理教学与生活、语言表达等相结合，帮助学生更好地成长，收到了很好的教学效果。

（点评人：北京师范大学石家庄附属学校　米亚会）

通过自学了解我们最为关注的气候要素

——"气温和降水"教案及评析

岳永兰[①]

教学背景

教学课时：1课时

教学准备：

1. 学生：通过收看天气预报记录一周的天气情况，通过互联网收集有关天气和气候的资料。

2. 教师：通过互联网查阅资料，制作多媒体课件。

教学目标

1. 通过学习，了解气温的测定方法及等温线的含义，掌握阅读等温线分布图的正确方法，并能总结出世界气温分布规律。

2. 能够说出世界年平均气温和降水量的分布规律。

3. 知道气温和降水对人类的影响。

教材分析

气温和降水是组成气候的主要要素，涉及知识面广，理论性强。考虑到学生的接受能力，本课题只选讲有关气温、降水的最基本知识，即气温的测定、降水量的测定、世界气温和降水的分布规律等内容，在内容编排上注重以学生发展为本，以培养学生终身学习能力为基本宗旨。

---

① 岳永兰，山东省潍坊市昌乐县朱刘第一中学。

教学重难点

世界气温的分布规律。

教学方法

读图指导法、讲授法。

教学过程

一、课前预习

师：利用课前预习案，预习下列问题，把不会的问题提出来大家共同解决。

（1）什么是气温？气温常用什么来表示？

（2）____和____是我们最为关注的气候要素。

师：气温的差异是造成自然景观和我们生存环境差异的主要因素之一，与我们的生活、生产密切相关。那么，怎样来测定气温呢？

师：请同学们阅读课本中“测定气温”这部分内容。我们可以将温度计放在离地面约 1.5 米的阴影处来测定气温。对气温的测定，通常一天要进行 3～4 次，一般是在北京时间 2 时、8 时、14 时、20 时。这 4 次气温的平均值即为日平均气温。

（出示图片。）

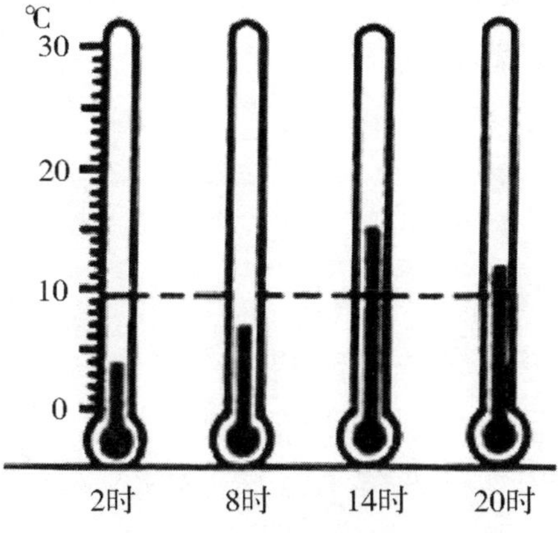

一天中的 4 次气温观测记录图

师：算一算，这一天的平均气温是多少？想一想，怎样计算一个月或一年的平均气温？

（学生活动，教师根据学生的问题进行讲解。）

二、课内探究

1. 气温

（让学生利用导学案自主学习，回答问题。）

（1）在北半球，一天中最高气温出现在____月，最低气温出现在____月。

（2）我们这个地方一年中最高气温出现在____月，最低气温出现在____月。

（3）北半球的海洋最热月是____月，最冷月是____月，为什么？

（4）为什么在北半球陆地最热月是 7 月，海洋最热月是 8 月？

（引导学生自主学习，遇到不会的问题做出标记，等待合作学习时共同解决。）

2. 世界气温的分布

（同桌交流学习中遇到的疑难问题，解决不了的在组内解决，组内解决不了的在全班交流解决。）

师：我们要想知道各个地方年平均气温的状况，就需要借助等温线。什么是等温线？（温度值相同，各点的连线称为等温线）等温线大致与纬线平行，同纬度范围内，各地气温大致相同。

（出示世界年平均气温分布图。）

师：观察世界年平均气温分布图，回答下列问题。

（1）最炎热的大陆是____________，最寒冷的大陆是______________，除南极洲外寒冷区域最大的是_____________。

（2）世界年平均气温的分布规律。

① 气温由_____________向____________逐渐降低。

② 同纬度的陆地与海洋气温_____________。（相同、不同）

③ 同纬度的陆地，海拔________（高、低）处气温较周围低。

（教师参与学生的探讨，及时启发、点拨学生。）

（出示世界 1 月平均气温分布图和世界 7 月平均气温分布图。）

师：观察这两幅图，合作探究下列问题。

（1）北京与悉尼相比，1 月哪个地方气温高？7 月哪个地方气温高？为什么？

（2）北半球同纬度的大陆和海洋，7 月哪里的气温高？你能简单地说明其原因吗？

（学生讨论回答，教师及时点拨。）

三、小结反思

师：通过这节课的学习你有什么收获？

四、巩固检测

1. 气温是指__________，常用摄氏度（℃）来表示。

2. 从世界年平均气温分布图上可以看出，最炎热的大陆是________，最寒冷的大陆是________。

3. 一年中，北半球陆地最热月是________，最冷月是________。

教学反思

本节课教学有以下几个亮点。

1. 注重培养学生的自主学习能力与探究能力，体现了新课改精神。

2. 通过学习，学生可以根据一天的平均气温推导出一个月和一年的平均气温。

3. 学生通过自学与小组合作探究相结合的方式，能够总结出气温分布规律。

4. 利用多媒体教学，激发了学生的学习兴趣，学生自学认真，讨论热烈，回答问题积极。

5. 通过本节课教学，既培养了学生的读图能力，使学生树立了学习的自信心，同时增强了学生的合作探究意识和能力，提高了活动的有效性。

但是，本节课教学也存在一些不足之处。

1. 通过本节课教学我感触最深的是，教材提供的知识和我的个人知识已不能满足学生的需要。因此，我应该努力提高自身素质，除了向有经验的教师请教外，还要通过互联网查找资料，使自己能更好地驾驭课堂，使自己的教学方法更有创造性，以便更好地引导生生互动，构建高效课堂。

2. 与以往课堂不同的是，在本节课教学中，我作为教师的角色得到了重新定位，成为学生学习的指导者、组织者，甚至是参与者、合作者。我走近学生，以平等的身份与学生交流、讨论，一同体验发现知识和构建知识的快乐，因而有了学生的敢想、敢说、敢争论，敢于将自己的意见毫无保留地表达出来。

（所获奖项：三等奖）

专家点评

在本节课教学中，教师以导学案为依托，引导学生自主学习，并记录下无法解决的问题，在小组合作学习中进行交流分享，完成知识的有效内化。

教师在充分利用教材的基础上，有效利用网络资源，帮助学生更好地完成了本节课的学习，实现了信息技术与地理教学的有效融合。基于教学内容的需要，教师为学生展示了大量相关图片，如世界年平均气温分布图、世界1月平均气温分布图和世界7月平均气温分布图，不仅降低了学生的学习难度，还提高了学生的读图能力。课前，教师让学生通过收看天气预报记录一周的天气情况，并让学生通过互联网收集有关天气和气候的资料，不仅让学生对课程充满了期待，还提高了学生课堂参与的积极性，提高了教学效率。

该教案框架清晰，但存在一些细节问题，如课前让学生做了比较充足的准备，但学生准备的素材在教学过程中并没有用到，白白浪费了学生的精力，这会降低学生的积极性，不利于高效课堂的构建；在小结环节，未能布置具有拓展性的任务，希望教师今后能够注意。

（点评人：北京师范大学石家庄附属学校　米亚会）

联系日常生活解决地理问题
——“人类活动与气候”教案及评析

陈香苑①

教学背景

教学课时：1 课时

教学准备：

1. 学生：预习新课；通过多种途径收集气候对我们生活的影响的相关资料。

2. 教师：通过互联网查找资料，制作多媒体课件。

教学目标

1. 能通过日常生活中的实例说明气候对生产和生活的影响。

2. 运用实例说明人类活动对大气环境的负面影响及保护大气环境的重要性。

3. 通过对气候与人类活动的关系的探讨，进一步树立正确的人地观，增强环保意识。

教材分析

本课重点探讨人类活动与气候相互影响、相互制约的关系。教材就内容而言，难度不大，之所以专门用一节课来讲述，目的在于强化“人地关系”这一主题，使学生在情感、态度和价值观方面得到提升。本课主要讲述两个内容：一是气候对生产和生活的影响，二是人类活动对气候的影响。

① 陈香苑，广西壮族自治区桂平市南木镇第二初级中学。

教学重难点

探讨人类活动与气候相互影响、相互制约的关系。

教学方法

讨论法、探究法、比较法。

教学过程

一、新课导入

让学生从自身体验出发，结合当地的实际情况，说说气候对人们衣、食、住、行的影响以及对农业生产的影响。

（出示图片。）

傣族竹楼

沙漠骆驼

师：人类活动与气候有着密切的关系，不同地域出现了不同的房屋结构、娱乐类型等，形成了千姿百态的生活方式。

（出示课题、教学目标及教学重难点。）

二、教师举例

1. 我国南、北方地区交通方式差异——“南船北马”。

（出示关于南方水乡的乌篷船和北方的马车的图片。）

2. 我国少数民族风情差异——傣族的泼水节（南方）、蒙古族的那达慕大会（北方）。

（出示关于傣族泼水节和蒙古族那达慕大会的图片。）

让学生就上述问题竞相发言，明确不同地区的气候差异导致了人们生活方式的不同。教师再拓展举例说明同一地区、不同季节的气候对人们生活的影响。（春装、夏装、秋装、冬装）

三、合作探究

1. 探究气候对人类生活的影响

（1）引导学生分小组探究“气候对服饰的影响”。展示藏民及阿拉伯人的穿着，让学生分析其服饰的突出特点，并说明这些服饰与当地气候的关系。

（2）引导学生分小组探究“气候对民居的影响”。出示爱斯基摩人的冰屋、傣族的竹楼、新疆的平顶房等图片，让学生思考、分析不同地区的气候特点，并说一说这些民居与当地气候有什么关系。

（3）引导学生分小组探究“气候对交通的影响”。出示狗拉雪橇、江南水乡与船、沙漠驼队等图片，让学生小组合作探究，讨论气候对交通的影响，并以小组竞赛的形式展示。

2. 探究气候对农业生产的影响

师：气候不仅影响着人们的生活方式，对农业生产也有很大影响。

（出示图片）

南方水稻

北方小麦

引导学生分析气候对农业生产的影响。

3. 探究人类活动对气候的影响

学生思考、讨论以下问题。

（1）人类的哪些活动会对气候产生积极的影响？（农田防护林、人工降雨）

（2）人类的哪些活动会导致气候恶化，进而影响我们的生产和生活？（工厂排放废气、汽车尾气）

学生回答，教师补充。

四、课堂小结

师：今天这节课，我们主要学习了气候对人类活动的影响。通过对这些实例的分析，我们清晰地认识到气候与人类活动的关系，特别是气候变暖已成为人类普遍关心的环境问题。要保护好大气环境，需要全人类的共同努力，我们也要积极投入行动的行列。

（播放音乐《拯救地球》。）

五、布置作业

师：课下，请同学们收集有关改善气候的典型例子，下节课我们来交流一下。

教学反思

对于气候与人类活动的关系的相关话题，学生或多或少都知道一点儿，因而没有必要把课本中的所有知识点都在有限的课堂时间内讲授一遍，这样的课打动不了学生，也无法起到环保教育的作用。基于此，我设计了很多让学生参与的教学活动，如引导学生分小组探究“气候对服饰的影响”“气候对民居的影响”，以及“人类的哪些活动会导致气候恶化，进而影响我们的生产和生活”等，较好地调动了学生的主观能动性，收到了不错的教学效果。

（所获奖项：三等奖）

专家点评

该教案框架清晰，学生在教师引导下，完成了对人类活动与气候相关知识的学习。

教师有意识地调动学生的学习积极性，让学生课前通过多种途径收集气候对我们生活的影响的相关资料，体现了学生的主体地位。在导入环节，教师借助图片，展示了不同地域人们各种各样的生活方式，激发了学生的学习兴趣；在教学过程中，教师通过大量图片对所介绍的知识进行了清晰的说明，给学生以直观印象；在课堂小结环节，教师通过音乐的烘托，让学生产生共鸣，促进了情感、态度、价值观目标的达成。最后，教师又布置了拓展性任务，让学生借助互联网收集有关改善气候的典型例子，这既拓展了学生的思维空间，又提升了学生解决问题的能力。

但该教案还存在一些问题，如教学目标表达不够清晰、语言不够精练。教学目标是教学过程的落脚点，希望陈老师在今后的教案编写中注重对教学目标的提炼。

（点评人：北京师范大学石家庄附属学校　米亚会）

注重方法引领，实现能力提升
——“日本”教案及评析

掌玲芝[①]

教学背景

教学课时：1课时

教学准备：

1. 学生：预习新课，了解日本的地理位置、领土组成、主要城市；通过互联网查找有关日本的资料。

2. 教师：通过互联网查找相关资料，制作多媒体课件。

教学目标

1. 认识日本的自然地理特点。

2. 运用板块构造学说解释日本多火山、地震的原因。

3. 提高识图、析图的能力及在地图上收集信息的能力。

4. 收集日本地形图中的信息，尝试与英国比较，初步学会分析一个国家的自然地理的方法，并能积极地表达与交流。

5. 培养热爱生活和自然的情感，树立防震减灾的意识。

教材分析

本课属于世界地理中的国家地理，是学生在学习国家地理中遇到的第一个国家，对后面学习其他的国家具有一定的示范作用。

从教材内容看，该课题由“多火山、地震的岛国”“发达的加工贸易经

① 掌玲芝，江苏省连云港市灌云县初级中学。

济”“东西方兼容的文化”三个部分组成，这三部分内容具有内在的联系。日本的岛国国情，促使其走加工贸易型经济发展的道路，实行对外开放政策。而对外开放又必然对其科学文化、艺术、思想意识等产生深远的影响，使之形成东西方兼容的文化。

教学重难点

1. 掌握日本的地理位置、地形、自然灾害。
2. 知道日本四大岛和主要城市的位置。

教学方法

比较法、小组讨论法、图表运用法。

教学过程

一、情境创设，引入课题

师：山高云淡，在浪漫的樱花树下，细品着醇香的花茶，笑看世界经济的风云……同学们，你们能猜出这是哪个国家吗？它位于哪个洲？

（出示富士山图片。）

（板书课题：日本。）

【设计意图】引入课题。

二、合作交流，解读探究

1. 日本的地理位置

（出示日本在世界中的位置图和日本地形图。）

师：日本的地形有什么特点？日本的领土是由哪些岛屿组成的？从图中你还能发现哪些信息？

（学生读图，回答。）

师：日本是我国邻近的国家中经济发达且人口过亿的国家，主要由单一民族组成。富士山是日本的象征，丰田、日产轿车，索尼、松下电器，都是日本著名工业产品品牌，日本位于太平洋西北部，是一个经济发达且以“岛国”著称的国家。

教师讲解以下几点内容。

(1) 日本是一个多火山、地震的国家，四面环海，受海洋影响较大，降水丰富。国土约三分之二被森林覆盖，河流流程短，水力资源丰富。多山的地形使得日本海岸线更加曲折，形成了许多优良港湾。

(2) 日本主要由北海道、本州、四国、九州四个大岛和数千个小岛及其周围海域组成，因此它成为东亚有名的“岛国”。

(3) 日本的首都是东京，有横滨、名古屋、大阪、神户等城市。

(4) 日本是一个四多（人多、山地多、火山和地震多、优良港湾多）、三少（国土少、平原少、矿产少）的岛国。

(5) 富士山海拔 3776 米，是一座活火山，也是日本的最高峰。富士山山体呈标准圆锥形，山顶终年积雪，洁白晶莹；山麓樱树成林，景色迷人，是日本著名的旅游胜地。

【设计意图】使学生学会观察总结，以达到预定的教学目标。

2. 日本与英国的比较

师：日本是一个岛国，国土南北狭长，并且与经线斜交。英国也是一个岛国。（出示英国地形图）试比较这两个国家的面积、跨越的经度和纬度范围、气候，并完成下表。

项目	日本	英国
面积		
地理位置		
气候		

（学生通过读图，借助互联网比较日本与英国。）

【设计意图】培养学生识图、析图、比较等能力。

3. 为什么日本是一个多火山、地震的国家

学生通过互联网搜索相关资料，思考、讨论以下问题。

(1) 日本为什么多山、多火山和地震？

(2) 日本有很多火山。火山能给人类带来灾难，但是，在火山非活动期间，能够利用火山为人类造福吗？

师：我国也是多地震国家吗？为什么？你了解哪些防震减灾方面的知识？

（学生讨论，回答。）

【设计意图】让学生了解防震知识，树立防震减灾的意识。

三、课后总结

师：通过这节课的学习，你学到了什么？理解最深的是哪一个知识点？还没理解的知识点是哪一个？还想了解什么？

四、课堂练习

1. 单项选择题

张明一家计划暑假去日本旅游，张明想先了解该国的地理信息。请你运用所学知识帮助他正确回答下面的题。

（1）从海陆位置上看，日本属于（　　）。

A. 内陆国　　B. 岛国　　C. 临海国　　D. 半岛国

（2）日本的象征是（　　）。

A. 富士山　　B. 黄山　　C. 喜马拉雅山　D. 阿尔卑斯山脉

（3）日本的民族服饰是（　　）。

A. 唐装　　B. 西服　　C. 和服　　D. 旗袍

（4）日本面积最大的岛屿和位置最北的岛屿分别是（　　）。

A. 北海道、四国　　B. 本州、四国

C. 本州、北海道　　D. 九州、北海道

（5）关于日本自然特征的叙述，正确的是（　　）。

A. 最高山是富士山

B. 河流源远流长

C. 季风气候的大陆性特征明显

D. 樱花是日本的国花，秋季开放

2. 回答下面的问题

（1）日本濒临的海洋：__________、__________。

（2）日本的首都________，位于________平原。

（3）日本的最高峰________是著名的旅游胜地。

教学反思

日本是学生在学习国家地理时遇到的第一个国家，能否学好、是否有兴趣学好本节课知识，关系到以后对国家地理的学习，因此，上好本节课显得尤为重要。所以在本节课教学中，我采用大量的直观教材，如地图、景观图

等，以读图为主线展开教学，充分发挥图的直观教学作用，做到了“将知识搬到图中去”。课堂中各种信息的呈现，吸引了学生的注意力，激发了学生的学习兴趣，促进了学生对本课知识的记忆和理解。

在教学中，我采用启发引导和小组讨论等教学方式，激发了学生的学习兴趣和主动参与意识。同时，丰富的活动，有利于学生初步掌握学习一个国家地理的基本方法，最终获得终身学习能力，达成教学目标。

本节课通过师生互动、生生互动，拓宽了学生的学习空间，满足了学生学习多样化的需求。

虽然本节课教学效果不错，但也存在一些不足之处。如在创设情境方面还有所欠缺，可以通过视频资料让学生了解地震，产生身临其境之感。基于以上认识，在以后的课堂教学中，我将更加注重教学的每一个环节，注重围绕教学目标，突破教学重难点，使课堂达到预期的效果。

（所获奖项：三等奖）

专家点评

在本课教学中，教师是教学活动的主导者。教师在充分利用教材的基础上，深入挖掘互联网中与日本相关的教学资源，帮助学生突破了教学重难点。

日本是学生学习国家地理遇到的第一个国家，因此在本课中教师很注重学习方法的引导，为学生在后续对国家地理的学习中实现方法的迁移打下了基础。教师通过启发引导和小组讨论等多种方法，激发了学生的学习兴趣和主动参与意识。教师在教学中没有引入学生与学生之间的评价，这在一定程度上降低了学生的课堂参与积极性，希望该教师在今后的教学中能够更加充分地发挥评价在教学中的作用。

（点评人：北京师范大学石家庄附属学校　米亚会）

在交流互动中了解各国文化传统
——“世界的语言和宗教”教案及评析

唐福铭①

教学背景

教学课时：1 课时

教学准备：

1. 学生：预习新课，了解世界上的主要语言和宗教。
2. 教师：通过互联网搜索资料，制作多媒体课件。

教学目标

1. 了解世界上的不同语言，了解几种联合国工作语言的主要分布地区。
2. 了解世界三大宗教及其主要分布地区。
3. 举例说出不同国家的宗教信仰和文化传统。

教材分析

本节课包括有两部分内容：第一部分“世界的语言”，主要介绍世界的主要语言及其分布地区；第二部分“世界三大宗教”，主要介绍世界上的三大宗教及其分布地区。语言和宗教都属于人口构成方面的知识，是反映一个国家和地区人口特征的重要内容。生活在国际交往日益频繁的今天，学生不得不对一些国家和地区的语言及宗教等做些初步了解，并能以正确的人口观、宗教观待人接物，理解和尊重各国的文化传统。

① 唐福铭，重庆市石柱土家族自治县第一初级中学校。

教学重难点

世界主要语言的分布地区。

教学方法

分组活动法、情境表演法。

教学过程

一、谈话导入

师：Good afternoon ，students. 同学们，知道我说的是什么意思吗？你们知道我说的是哪种语言吗？全世界有许多种语言，它们是人类最重要的交际工具。除了汉语，你们还知道其他语言吗？今天，我们就来了解一下世界的语言。

二、新课探究

1. 世界的语言

师：语言是随着人类社会的产生而产生的，它是人们的交际工具，我们在日常生活中每天都要使用语言与人交流和沟通。

师：你们都知道哪些语言？

(学生回答。)

师：语言是民族的重要特征之一。一般来说，各个民族都有自己的语言。但是，同一个民族的不同地区，也会有不同的方言……世界上到底有多少种语言呢？请同学们阅读材料《世界语言知多少》。

(学生阅读材料。)

师：全世界有这么多种语言，那么哪些是联合国的工作语言呢？哪位同学来告诉大家？

(联合国工作语言有汉语、英语、法语、俄语、西班牙语和阿拉伯语6种。)

师：它们也是世界上的主要语言。其中，汉语是世界上使用人数最多的语言，英语是世界上使用范围最广的语言。它们主要分布在哪些国家和地区呢？

（出示世界主要语言的分布图。）

师：为什么英语能成为世界上使用范围最广的语言？

（和历史上英国的经济实力以及它对外的殖民掠夺是分不开的，英语是随着资本主义的蔓延、英国经济实力的增长以及殖民扩张和国际贸易等活动而逐步扩展的。）

师：那么，汉语除了在我国使用之外，还在哪些国家和地区使用？哪些地区的华人分布较多？（东南亚）华人较多的国家是哪里？（新加坡、马来西亚）

（出示世界的国家和地区图。）

师：请结合世界的国家和地区图完成下表。

语言	主要分布地区
汉语	
英语	欧洲的西部、北美洲、亚洲的南部等
俄语	
法语	
西班牙语	
阿拉伯语	

师：另外，不同的语言，它们的文字也不同。

（出示不同的语言对“我爱地理”的文字表达，让学生理解不同语言的文字不同。）

2. 世界三大宗教

师：同学们看过《西游记》吗？（播放《西游记》片段）它反映的是哪一种宗教？（佛教）除了佛教，你还知道哪些宗教？

（学生说出自己知道的宗教。）

师：在古代，人们对许多自然现象和社会现象无法解释，就说是“神的意志”，并创造了许多宗教，一直流传到现在。在发展过程中，宗教吸收了各种文化、民俗、哲理等成分，所以不能简单地说宗教是迷信，而更应该把它看作一种文化现象、社会现象。目前，世界上有近一半的人信仰宗教。基督教、伊斯兰教、佛教是世界的三大宗教。它们的传播范围很广，对许多国家的历史、文化都有着深刻的影响。

活动：各小组讲述或表演有关自己知道或感兴趣的宗教方面的知识，包括图片展示、服饰表演、宗教习俗介绍等。

教师总结以下内容：

（1）基督教是世界上信仰人数最多的宗教。基督教形成于亚洲的西部，目前主要集中分布在欧洲、美洲和大洋洲。基督教的创始人是耶稣，建筑物的标志是十字架。

（出示基督教教堂的图片。）

（2）伊斯兰教产生于阿拉伯半岛，主要分布在亚洲的西部和东南部、非洲的北部和东部。伊斯兰教的创始人是穆罕默德。伊斯兰教在中国又被称为回教或清真教，伊斯兰教徒被称为穆斯林。

（出示伊斯兰教清真寺的图片。）

（3）佛教是世界第三大宗教。佛教创始于古印度，后来传入亚洲其他地区，现在主要分布在亚洲的东部和东南部。

（出示佛教佛塔的图片。）

（出示缅甸蒲甘的图片。）

万塔之城——蒲甘，缅甸历史古城、佛教文化遗址，古塔林立。

（4）在中国，多数人不信教；少数民族中，维吾尔族、回族等多信仰伊斯兰教，藏族、蒙古族多信仰喇嘛教（佛教中的一派）。我国宪法规定：公民有宗教信仰自由，国家要保护宗教。现在相当多的人是无神论者（相信科学）。

师：谁来说一说，我们附近有哪些宗教建筑？它们是哪种宗教的建筑？

教学反思

在学习“世界主要语言的分布地区”这部分内容时，我引导学生分组探究，培养了学生合作交流、共同探究问题和解决问题的能力。在学习“世界三大宗教”这部分内容时，我让学生收集与三大宗教有关的图片和资料，开发课程资源，培养了学生收集、整理、分析资料的能力。

（所获奖项：三等奖）

专家点评

本课教学在充分利用教材的基础上，通过大量的图片展示及学生分组活动，使学生对世界主要语言的分布地区及世界三大宗教有了更深入的认识。

在教学过程中，教师通过播放《西游记》片段，出示世界主要语言的分布图、三大宗教的建筑图等来引入或者说明某个知识点，在帮助学生理解的同时，激发了学生的学习兴趣。教师灵活采用多种教学方法，让学生通过分组讲述知识点、特定场景的表演等方式分享交流其所了解的与语言和宗教有关的知识，培养了学生的团队协作能力，同时体现了学生的主体地位。

本课教学还有一个亮点，即体现了多维互动——师生互动（引导与表达）、生生互动（分享与交流），在互动中共享个体的智慧（教师自身学科外知识、学生自身的素养），促进了知识的有效内化。

基于以上几点，唐福铭老师的这节课还是很不错的。但是，在细节的处理上，本课还存在一些小问题，如在教学过程的细化上还有所欠缺，希望唐老师能够多加注意。

（点评人：北京师范大学石家庄附属学校　米亚会）

合作探究，了解世界文化

——“世界的语言和宗教”教案及评析

咸兰斌①

教学背景

教学课时：1课时

教学准备：

1. 学生：预习新课，通过互联网搜索有关语言和宗教的资料，了解世界语言与宗教。

2. 教师：通过互联网查找资料，制作多媒体课件。

教学目标

1. 通过对语言的学习，了解语言在日常生活和国际交往中的地位和作用，明确学习语言的重要性。

2. 理解并尊重各国的文化传统，学会尊重他人的宗教信仰。

3. 能够说出世界主要语言的分布地区。

4. 知道世界三大宗教的分布地区及建筑特色。

教材分析

本节教材有两部分内容：第一部分“世界的语言”，主要介绍世界的主要语言及其分布地区；第二部分“世界三大宗教”，主要介绍世界上的三大宗教及其分布地区。语言和宗教都属于人口构成方面的知识，是反映一个国家和地区人口特征的重要内容。生活在国际交往日益频繁的今天，学生应对

① 咸兰斌，山东省青州市西书院初级中学。

一些国家和地区的语言和宗教等有初步了解，并能理解和尊重各国的宗教信仰和文化传统。

教学重难点

1. 能够说出世界主要语言的分布地区。
2. 知道世界三大宗教的分布地区及建筑特色。

教学方法

小组探究法、合作学习法、读图分析法。

教学过程

一、视频导入

师：今天我们一起来学习“世界的语言和宗教”，我们先来看一段视频。

（播放视频《原创：24 种语言说生日快乐》，让学生直观感受语言的差异。）

师：在国际上使用比较广泛的语言有哪些？各分布在哪些地区？世界上又有哪些重要的宗教活动？请同学们围绕这些问题阅读课本内容，进行自学。

（板书课题：世界的语言和宗教。）

（学生自学。）

二、新课教授

1. 世界的语言

师：世界上有多少种语言？被联合国确定为工作语言的有哪些？

生：全世界有数千种语言，其中使用人数超过 100 万的语言有 100 种左右，被联合国确定为工作语言的有 6 种，分别是汉语、英语、法语、俄语、西班牙语、阿拉伯语。

师：（出示不同的语言对“我爱地理”的文字表达）其中哪些语言你会读呢？

（学生读自己会的语言。）

师：（出示世界主要语言的分布图）联合国确定的 6 种工作语言主要分布在哪些地区？

（学生分组讨论并识记。）

教师出示表格并指导学生填写。

语言	主要分布地区
汉语	
英语	
俄语	
法语	
西班牙语	
阿拉伯语	

师：世界上使用人数最多的是哪种语言？主要分布在哪里？

生：世界上使用人数最多的是汉语，主要分布在中国、新加坡等地。

师：汉语是我们日常生活中最熟悉的语言，语音优美，有丰富的表现力。

师：目前，世界上使用范围最广的语言是哪种？发源于哪里？

生：目前流传最广的是英语，发源于英国。

师：除英国外，还有哪些国家也把英语作为母语或官方语言？

生：除英国外，还有美国、加拿大、澳大利亚、印度等国也使用英语。

师：你知道为什么英语流传广泛吗？你们为什么要学习英语呢？

生：英语现已成为一种世界性的语言，英语是通向世界的桥梁，只有掌握了英语，才能使自己融入世界，所以我们必须努力学好英语。

师：俄语主要分布在哪些地区？

生：俄语是俄罗斯人使用的语言，在东欧各国也具有广泛的影响。

师：法语主要分布在哪些地区？有何特点？

生：法语主要流行于法国、比利时、瑞士、加拿大和非洲一些国家，也是国际交往中的重要语言。

师：西班牙语和阿拉伯语主要在哪些地区被使用？

生：西班牙语是西班牙和拉丁美洲的许多国家使用的语言，阿拉伯语是非洲北部的许多国家使用的语言。

2. 世界三大宗教

（学生展示课前收集的与宗教有关的资料，并讨论不同的宗教有何特点。）

师：世界上有近半数的人信仰宗教，世界上传播范围广、对社会影响深刻的是哪三大宗教？请同学们分组讨论，并完成下表。

宗教	主要分布地区	建筑景观
基督教		
伊斯兰教		
佛教		

（学生分组讨论，完成表格，进行全班汇报。）

教师补充以下内容：

（1）基督教是世界上信仰人数最多的宗教。它的宗教建筑被称为基督教堂。

（2）伊斯兰教是世界上的第二大宗教，伊斯兰教徒被称为穆斯林。伊斯兰教在中国又被称为回教或清真教，它的宗教建筑被称为清真寺。

（3）佛教是世界第三大宗教，创始于古印度。它的宗教建筑被称为“佛塔”。

师生互动游戏。

（1）一人表演或展示图片，其他人猜所反映的是哪一种宗教。在组织学生交流的过程中教师相机补充一些相关问题，以使学生加深印象。如出示阿拉伯人、泰国人、英国人的图片，让学生说说他们分别信仰什么宗教，并说说这三种宗教的主要分布地区。

（2）出示表格。

宗教名称	佛教	基督教	伊斯兰教
建筑特征	塔顶	尖顶（十字架）	圆顶
创始人	释迦牟尼	耶稣	穆罕默德
教徒人数	第三多	最多	第二多
相关节日	浴佛节、成道节	复活节、圣诞节	开斋节

三、课堂小结

1. 让学生快速浏览教学内容，并回忆教师讲述的内容，从整体上感知和把握所学知识。

2. 让学生口头表述自己的收获。

四、巩固提高

1. 选择题

（1）世界上使用人数最多的语言是（　　）。

A. 汉语　　B. 英语　　C. 西班牙语　　D. 俄语

（2）俄罗斯使用的主要语言是（　　）。

A. 法语　　B. 英语　　C. 俄语　　D. 阿拉伯语

（3）阿拉伯语主要分布在（　　）。

A. 亚洲的西部和非洲的北部

B. 欧洲的西部

C. 亚洲的南部和东南部

D. 北美洲的东部

（4）以下使用法语的国家是（　　）。

A. 英国　　B. 法国　　C. 俄罗斯　　D. 西班牙

（5）以下使用英语的国家是（　　）。

A. 美国　　B. 法国　　C. 俄罗斯　　D. 西班牙

（6）世界上信仰人数最多的宗教是（　　）。

A. 基督教　　B. 伊斯兰教　　C. 佛教

（7）哪种宗教的教徒被称为穆斯林（　　）。

A. 基督教　　B. 伊斯兰教　　C. 佛教

（8）世界第三大宗教是（　　）。

A. 基督教　　B. 伊斯兰教　　C. 佛教

（9）伊斯兰教产生于（　　）。

A. 亚洲的东部　　B. 阿拉伯半岛

C. 古印度　　D. 欧洲

（10）每个礼拜日都去教堂做礼拜的教徒信仰（　　）。

A. 基督教　　B. 伊斯兰教　　C. 佛教

（11）泰国的国教是（　　）。

A. 基督教　　B. 伊斯兰教　　C. 佛教

（12）阿拉伯人信仰（　　）。

A. 基督教　　B. 伊斯兰教　　C. 佛教

（13）我国的回族多信仰（　　）。

A. 基督教　　B. 伊斯兰教　　C. 佛教

（14）十字架是哪个宗教的标志（　　）。

A. 基督教　　B. 伊斯兰教　　C. 佛教

（15）清真寺是哪个宗教的建筑（　　）。

A. 基督教　　B. 伊斯兰教　　C. 佛教

（16）下列说法正确的是（　　）。

A. 一般来说，各个民族都有自己的语言

B. 英语最初是美国的民族语言

C. 汉语的使用主要分布在中国和南亚等

D. 使用人数最多的语言是英语

（17）拉丁美洲主要使用的语言是（　　）。

A. 英语　　B. 法语

C. 西班牙语　　D. 俄语

（18）产生于阿拉伯半岛的宗教是（　　）。

A. 基督教　　B. 伊斯兰教　　C. 佛教

（19）欧洲居民主要信仰（　　）。

A. 基督教　　B. 伊斯兰教　　C. 佛教

（20）创始于古印度的宗教是（　　）。

A. 基督教　　B. 伊斯兰教　　C. 佛教

2. 读图题

（1）观察下面世界三大宗教的代表建筑物，回答下列问题。

A

B

C

图 A 是______教的教堂，图 B 是______教的清真寺，图 C 是______教的佛塔。

有三位老汉分别是英国的汤姆、沙特阿拉伯王国的穆罕默德和中国的李明，他们分别使用不同的语言，信仰不同的宗教，到上图所示的宗教场所进行宗教活动。

汤姆使用的语言是______语，信仰______教，每个礼拜日都去______（填字母）做礼拜。

穆罕默德使用的语言是________语，信仰________教，他的宗教活动是在________（填字母）进行。

李明使用的语言是______语，信仰佛教，他的宗教活动是在________（填字母）进行。

汤姆、穆罕默德和李明三位老汉要在一起交流各自的生活情况，他们最有可能使用的语言是__________。

教学反思

本课主要讲述世界上主要的语言和三大宗教及其分布。我引导学生从现实生活的经历与体验出发，利用已有的知识和能力，通过小组讨论、合作探究等方式，了解世界主要语言和三大宗教的差异，并尊重世界各国的语言文字和宗教信仰，培养学习能力及热爱祖国语言的情感，树立正确的价值观。在课的最后，我通过大量的练习使学生牢固掌握了所学知识，同时检测了自己的教学效果，使以后的教学更有针对性。

（所获奖项：三等奖）

专家点评

在本课教学中，教师能够使用多种教学方法调动学生学习的积极性。学生小组合作、学生课堂展示、教师实时引导，教师在努力为学生打造获取知识的高效课堂，让学生在体验中内化知识。

教师充分挖掘网络资源，帮助学生更好地完成相关知识点的学习，真正实现了信息技术与地理教学的有效融合。在课程的导入环节，教师播放视频《原创：24 种语言说生日快乐》，使学生快速进入课堂学习中，有利于后续教学活动的开展。视频、图片等多媒体素材的使用，使得课堂更加生动，同时使学生更加深刻地理解了知识点。在教学中，教师多次引导学生进行看图填表活动，该活动在为学生提供学习支架的同时，也为学生提供了自主习得知识的机会，在此基础上，教师对重难点进行讲解，有利于打造高效课堂。但是，课堂小结环节略显仓促，只是让学生讲述收获，没有布置拓展性任务。此外，课堂上要求学生完成的练习过多，课上练习以少而精为佳。

（点评人：北京师范大学石家庄附属学校　米亚会）

知识与生活相联系，解决实际问题
——“水资源”教案及评析

王苏丽[①]

教学背景

教学课时：1课时

教学准备：

1. 学生：调查家乡是否缺水及水资源的利用状况，列举水资源被合理或不合理利用方面的事例。

2. 教师：通过互联网查询相关资料，制作多媒体课件。

教学目标

1. 了解淡水资源的数量及存在形式，知道我国水资源在世界上的地位，学会运用图表资料说明我国水资源的时空分布特点。

2. 树立民族自豪感和爱国情感。

3. 关心家乡水资源的利用情况，增强热爱家乡、热爱祖国的情感，树立以实际行动保护和节约水资源的意识。

教材分析

本课题包括两部分内容：时空分布不均、合理利用与保护水资源。水资源是可再生资源，但是，一方面，水资源并不是指世界上水体的全部，而仅指淡水资源，并且这部分淡水资源中可供人们利用的部分比重极小；另一方面，在一定空间和一定时间范围内，出于自然原因和人为原因，水资源可能

① 王苏丽，江苏省镇江新区大港中学。

会枯竭。因此，帮助学生认识我国水资源现状、我国水资源时空分布不均的特点及其对社会经济发展的影响，使学生树立保护水资源的意识是本节课的主要目的。

教学重难点

1. 了解我国水资源的时空分布特点。
2. 了解解决我国水资源问题的途径和措施。

教学方法

根据教学内容的特点及学生的实际情况，我将教材内容进行了重组，以家乡为背景设计问题，大致按照“家乡水资源情况—我国水资源情况—全球水资源情况”的结构展开教学，最后以合理利用和保护水资源做总结，由近及远，由部分到整体，使学生深刻感受到水资源的有限和宝贵，从而树立保护和节约水资源的意识。

首先，引导学生从经历和体验出发，开展家乡是否缺水及水资源利用状况的社会调查，有效地发挥学生参与的积极性。接着，引出我国水资源利用中存在的问题，进一步研究我国水资源时空分布特点，通过视频让学生真切感受我国的缺水状况及全球水资源的有限，进而探讨如何保护和合理利用水资源。

教学过程

一、课堂导入

师：课前，老师让大家调查了家乡是否缺水及水资源的利用状况，我们的家乡缺水吗?

（学生简单介绍课前调查的本市缺水状况。）

【设计意图】密切联系生活实际，由学生查找的乡土地理资料导入新课，调动学生参与课堂的积极性，点燃学生学习的激情。

二、新课教学

1. 家乡水资源情况

师：（出示中国水资源分布图）找出家乡所在的位置，我们位于多水带，为什么还会缺水严重？

（学生介绍课前调查到的学校周边工业区对长江的污染及造成的生活污染和浪费水资源的情况。）

师：我们的家乡就是中国的缩影，目前在我国很多地方水污染和浪费的情况很严重，下面我们一起了解一下。

【设计意图】家乡地处多水带却缺水，使学生深切认识到家乡水资源利用中存在的污染和浪费问题。

2. 我国水资源情况

师：我国水资源的空间分布有什么规律？为什么会如此分布？

（教师出示中国主要河流径流量分布示意图，学生读图，在教师的引导下回答问题。）

【设计意图】通过读图分析出我国水资源空间分布南丰北缺的特点，提高从图表中获取、解读地理信息的能力。

（播放视频《2010 年南方水灾》。）

师：我国水资源空间分布南丰北缺，南方水资源占全国的 80％以上，北方不足 20％。北方的耕地面积大，人口密集，人均水资源量少，更加剧了缺水的状况。

思考：如何解决我国水资源空间分布不均的问题？

（学生思考、回答，教师补充，引出我国跨流域调水工程：引滦入津、引黄入晋等。）

（出示南水北调工程路线示意图。）

学生思考、回答以下问题。

（1）根据观察和了解，我国水资源在时间分布上有什么特点？是什么原因导致的？

（出示广州、上海、北京、哈尔滨四市降水量的月分配图。）

（2）如何解决我国水资源时间分布不均的问题？

（3）请说出几个我国已经建成或正在兴建的水利工程。

（教师指导学生理解水库在调节河流水量季节变化方面的作用。）

【设计意图】引导学生认识水资源时空分布不均对我国社会经济发展的影响，引出跨流域调水可以解决水资源空间分布不均的问题，兴建水库可以解决水资源时间分布不均的问题。

师：我国水资源时空分布不均可以通过跨流域调水、兴建水库等措施解决，但这并没有增加我国水资源的总量。我国水资源总量怎么样呢？够不够用呢？

【设计意图】承上启下，引出我国水资源状况的教学。

学生结合教材内容，思考并回答问题：中国水资源总量居世界第几位？与世界人均水平比较呢？反映了我国水资源的什么问题？

师：水资源越来越宝贵，尤其在我国的华北地区和西北地区，缺水非常严重。

【设计意图】引导学生认识我国水资源总量大、人均少的特点。

（播放视频《水环保广告》。）

师：不仅我国水资源短缺，全球水资源也非常有限。我们积极地去调水、找水、蓄水，但同时在我们身边水的浪费和污染也是惊人的，因此从某种意义上说，节水、保水比调水、找水、蓄水更重要。

（1）就节约和保护水资源而言，我们能做些什么？你知道哪些节水的小窍门？

（2）在工农业生产中怎样节约和保护水资源？

（3）“世界水日”是哪一天？“中国水周”是哪几天？

（学生讨论后发表意见，教师小结，补充介绍家庭节水的小窍门。）

（播放视频《以色列的滴灌农业》。）

【设计意图】激发学生的节水意识，同时通过视频使学生直观了解到缺水地区人们生活的艰难，切实感受到水资源是有限的、宝贵的资源。

三、课堂小结

师：通过这节课的学习，我们认识到水资源是非常宝贵的，我国水资源非常短缺，人均水资源严重不足，水资源的时空分布不均，同时浪费、污染现象严重，因此，节约和保护水资源尤为重要。只有节约和保护水资源，人类才可能更好地生存发展。

四、布置作业

让学生设计一条节水宣传语，提醒大家节约用水，保护水资源。

【设计意图】让学生在充分认识到水资源有限而宝贵的基础上，树立保护水资源的意识。

教学反思

在教学中，我力求联系学生的生活实际，以家乡为背景设计问题，使学生的学习积极性大大提高。上课伊始，让学生介绍自己查阅到的家乡缺水的状况，使学习在活泼、欢快的气氛中展开。接下来，我以问题为线索、以各种地理图表为工具，引导学生对家乡及我国的水资源状况进行探究学习，突出了学生的主体地位。在教学过程中，我引导学生读图，使学生通过分析知道了我国水资源时空分布不均的特点，充分培养了学生从图中获取信息的能力，同时提高了学生解决问题的能力。

我让学生在课前收集有关家乡缺水状况及身边的水污染、浪费现象的资料，使其深刻认识到我国水资源的宝贵及节水的必要性。在教学将要结束时，我播放视频《以色列的滴灌农业》，使学生深刻感受到缺水地区人们生活的艰难，帮助学生树立起节约和保护水资源的意识。

我认为本节课还存在一些不足之处：一部分学生课前并没有调查家乡的缺水状况以及水资源的利用状况，在课堂上参与的积极性也不高；课堂容量较大，时间较紧张，一些问题无法过多展开。

（所获奖项：三等奖）

专家点评

该教案结构完整，设计思路清晰，教学目标合理，从知识到能力再到情感态度与价值感，层层深入，凸显了三维教学目标在教学中的作用。

本课教学的导入很有新意，以学生的调查活动为切入点，将学习活动与学生的实际生活紧密地联系在一起，在新课教学前就让学生明确了本节课所学内容来源于生活，教学结束时布置的任务（设计一条节水宣传语，提醒大家节约用水，保护水资源）与导入首尾呼应，让学生再一次明确了本节课所学内容还可以应用于生活。

在教学过程中，视频、图片等多媒体素材的使用，不仅使课堂生动、活泼，还有助于学生理解重难点知识。总体来说，该教案还是不错的，希望教师能够在今后的教学设计中多关注细节，进一步完善教案。

（点评人：北京师范大学石家庄附属学校　米亚会）

在生活情境中学习知识
——“多变的天气”教案及评析

张 航①

教学背景

教学课时：1 课时

教学准备：

1. 学生：预习新课；收看天气预报，了解相关知识；收集天气与人们日常生活密切相关的资料。

2. 教师：通过互联网搜索素材，制作多媒体课件。

教学目标

1. 知道天气与气候的区别。

2. 知道天气与我们的生活息息相关，树立保护大气环境的意识。

3. 能根据天气预报合理安排自己的活动，提高用所学地理知识解决生活中的问题的能力。

教材分析

教材主要从天气及其影响入手，通过图片引出天气的重要特点，然后分别从天气和军事、天气和交通、天气和农业、天气与人体健康四个方面分析天气对人类的影响。

① 张航，江苏省连云港市灌云县初级中学。

教学重难点

知道天气与我们的生活息息相关，树立保护大气环境的意识。

教学方法

体验式教学法、讨论法、归纳法、发现法。

教学过程

一、导入新课

师：天气与我们每个人都息息相关，今天我们一起来学习有关天气的知识。

学生活动1：描述室外的天气情况。

学生活动2：讲述自己曾经经历的有较深印象的天气。

二、新课讲授

师：我们怎样才能正确地描述天气情况呢?

(学生回答。)

师：人们经常用阴晴、风雨、冷热等来描述天气。接下来听一段有趣的录音（池塘边，蛙声阵阵，感觉天气很闷热。突然间，刮起狂风，紧接着雷鸣不断，要下雨了。接着雨越下越大，不一会儿雨停了，池塘又恢复了先前的平静……)，想一想，这段有趣的录音描述了天气怎样的变化过程。

(播放视频《倘塘月色》《暴风骤雨》。)

师：天气有什么样的特点?

(学生归纳、总结：天气具有时间短、变化快的特点。)

出示资料：

材料A：2011年6月18日，武汉降大到暴雨，全城多处交通要道积水严重，造成不少地方交通阻塞。

材料B：未来两天内将有寒潮影响本市，气温将下降8℃～10℃，提醒市民注意增添衣服，预防感冒。

材料C：夏收期间遇上了少有的好天气。南苑乡顺利完成小麦收割任务。

材料D：东汉建安十三年（公元208年）十月，在赤壁之战中，诸葛亮根据当时的天气变化，预测将有东南风出现，与周瑜共同拟定了借助东南风火攻曹操船队的战斗方案，结果大获全胜。

学生根据以上材料，说说天气的影响。

材料A和材料B说明了天气与生活的关系；材料C说明了天气与农业生产的关系；材料D说明了天气与战争的关系。

师：下列材料反映了天气对人类的影响，请将代号填入与之相应的空格内。

材料一：1979年1月，欧洲遭到一次特大暴风雪的袭击，德国北部大雪不停地飘了48小时，积雪达3尺多深，许多汽车陷入雪中无法开动。

材料二：1854年11月，历史上著名的克里米亚战争正在进行，这时候，黑海上突然狂风大作，巨浪滔天，英法联军不战自溃，几乎全军覆灭。

材料三：瑞雪兆丰年。

材料四：今年寒假我要去长白山景区旅游。听说那时候那里最高温度是零下二十多摄氏度，真够冷的，但我喜欢，可以乘雪地摩托车上山。

材料五：今年春天的那场大风真厉害，马路两边的座椅都被大风掀翻了，许多房屋被吹倒了。

材料六：春暖花开防过敏。

材料七：通知：因雨，校运动会推迟到下周进行。

人类活动	材料代号
农业	
旅游	
军事	
城市建设	
交通	
健康	
体育	

（学生阅读材料，并完成表格。）

师：天气对我们的生活影响很大，如果能预知最近天气的变化，将会给我们的生活带来方便。我们中华民族的劳动人民是勤劳和充满智慧的，他们通过日常生活经验的积累，通过观察一些自然现象，总结出很多关于天气情况的谚语。如“朝霞不出门，晚霞行千里”“天上星星跳，风雨就来到”等。这些谚语有一定的科学道理，但并不是非常准确的。现实生活中许多动物都能预报天气，想一想，连一连。

蜻蜓	搬家，将有雨下
知了	飞得低，出门带雨衣
蚂蚁	背潮，下雨兆
泥鳅	吐气泡，雨天将来到
乌龟	拼命叫，天热气温高

（学生展示自己收集的有关天气的谚语，并根据掌握的知识，分析这些谚语中所包含的道理。）

师：你能说说连云港的气候特点吗？

（学生介绍连云港的气候特点，并在教师的引导下归纳气候的含义：一个地方多年的天气平均状况，一般变化不大。）

师：分析下列词句，哪些是描述天气的，哪些是描述气候的？

狂风暴雨　多云转晴　四季如春　冬冷夏热　夜来风雨声

花落知多少　一场秋雨一场寒　乌云密布

师：寒假期间，家住连云港的小红决定和妈妈去马来西亚旅游，为了准备行装，小红上网查找了有关马来西亚的资料，妈妈带了两件羽绒服，小红看到后，立刻将羽绒服拿了出来，又让妈妈多带了两套夏装。你知道这是为什么吗？

生：马来西亚全年高温多雨。

师：现在老师有两件事想请大家帮忙，星期六老师要去南京学习，哪位同学告诉我，南京的天气怎么样，我要不要带雨具？如果老师想知道南京的天气，该怎么办？

生：收看天气预报。

师：你知道天气预报是怎么形成的吗？

（展示天气预报的形成过程简图：气象站⟶气象卫星⟶计算机⟶预报员⟶节目。）

三、课堂小结

师：你能通过生活中的实例，来说说天气给人们的生产和生活带来了哪些影响吗？通过学习，本节课你最大的收获是什么？

教学反思

本课内容比较简单、乏味，如何才能激发学生的学习兴趣呢？在教学中，我根据学生的实际情况采用适当的方法将教材上的内容情境化，为学生提供体验的机会，如播放一段有关天气的音频，让学生感受一系列的天气变化情况，收到了不错的效果，激发了学生的学习兴趣。

同时，在教学中，我通过播放视频、展示天气影响人们生活的资料，使学生一直处于积极、轻松的学习状态，引导学生学习对生活有用的地理知识。

（所获奖项：三等奖）

专家点评

该教案结构完整，目标清晰。教师引导学生从天气和军事、天气和交通、天气和农业、天气与人体健康四个方面分析天气对人类的影响，使学生对天气有了更深入的认识。

本节课教学有这样几个亮点：问题的情境化教学（去马来西亚旅游需要带什么衣服、去南京是否要带雨具），让学生在生活情境中，完成了知识的应用与学习；课前，给学生布置与课程相关的任务，将课堂延伸到课程之外，做到了让生活为学习服务；在充分利用教材的基础上，运用了大量的网络资源，帮助学生更好地完成了知识点的学习；在教学过程中，通过播放生动的视频等，使学生更加深切地感受到天气与人类的紧密联系。

该教案体现了“以学生为中心”的教学理念，但在教学目标的编写、开放性任务的布置等细节上还有待进一步完善。

（点评人：北京师范大学石家庄附属学校　米亚会）

利用好奇心激发学习地理的热情

——“我们身边的地理知识”教案及评析

林丽淑[①]

教学背景

教学课时：1课时

教学准备：

1. 学生：预习新课。

2. 教师：通过互联网搜索素材，制作多媒体课件。

教学目标

1. 初步培养对地理的探索兴趣，了解尚未解开的地理之谜、地理问题，激发求知欲。

2. 培养良好的地理学习习惯和学习方法。

教材分析

本节课是中学的第一节地理课，意义重大。地理对刚进入初中的学生来说是一门全新的学科，这节课上得成功与否，将直接影响学生学习地理的兴趣，及今后地理课的教学效果。

本节教材内容贴近学生的生活实际，引导学生联系身边的现象来了解地理事物，认识地理问题，图文并茂地带领学生接触丰富多彩的地理环境。

① 林丽淑，福建省晋江市罗山中学。

教学重难点

培养对地理的探索兴趣。

教学方法

讨论法、探究法、阅读法。

教学过程

一、导入新课

（播放视频《地球——我们的蓝色母亲》。）

师：在浩渺的宇宙中，有一颗美丽的星球，她披着蓝色的面纱，载着无数的生灵，围绕着太阳在不断地转动。这就是地球。

她在太空中怎样遨游？她怎样形成了今天的面貌？生命为什么可以在地球上存在、繁衍？人类是怎样认识和改变着她？她的变化将给人类带来什么样的影响？

作为地球的儿女，你一定期待着了解地球和探索她的奥秘吧！让我们从这里走进地理。

二、讲授新课

师：通过这段视频，你观察到了什么，想知道些什么？

（学生发言，说出自己知道的关于地球的知识，以及想知道哪些相关知识。）

1. 解开地理之“谜”

师：地球是个怎样的星球呢？赤道上为什么有雪？白天和黑夜是怎么回事？一年四季又是怎么回事？昔日的海洋如今为什么变成了高耸的山峰？

（让学生发表自己的想法，并及时给予肯定。）

师：这些都是关于地理的问题，我们学习了地理，就有可能找到这些问题的答案。那么地理到底是一门怎样的学科呢？

（通过互联网搜索“地理”一词的来源，组织学生阅读资料，了解其来源。）

2. 地理与日常生活

师：古人常用“上知天文，下知地理”来形容一个人博学多才，所以我们要多学习地理知识，以拓宽我们的知识面。其实我们就生活在地理环境之中，地理知识就在我们身边。通过学习地理，我们能进一步熟悉我们的生活环境，知道天气的变化，广泛了解世界各地的基本情况和风土人情，进而提高我们的适应能力。

（出示图片。）

滑雪

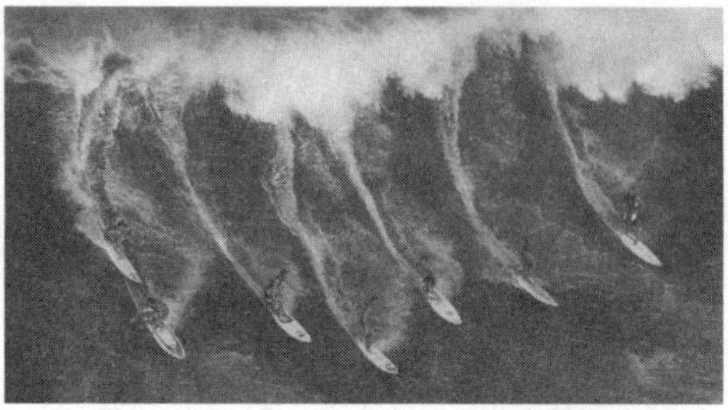

冲浪

师：图中的体育活动应该在哪些地方展开？它们与地理环境有什么关系？

学生讨论：不同的地理环境下，开展的体育活动不同。

师：你还能从日常生活中列举一些需要应用地理知识的例子吗？

（学生举例。）

3. 地理与生产建设

师：地理知识与我们的生活息息相关，人类的生产活动受地理环境的影响和制约。

（出示有关荷兰风车的图片，并介绍荷兰风车。）

师：荷兰的特色有什么？风车给荷兰人带来了什么？

（学生讨论、回答。）

师：不同的地理位置，气候往往不同，如我国的新疆盛产的瓜果特别甜，你知道为什么吗？

（学生分组讨论并分析原因。）

4. 地理与风土人情

师：地球上的各地环境不一，气象万千，让我们一起来欣赏她神奇的自然风光。

（播放视频《那是神秘地球》。）

师：在视频中你看到了哪些动物？它们生活在哪里？它们所处的环境有什么不同？

（学生回答。）

师：地理在呈现世界千姿百态的自然风光的同时，又给我们展示了各地风土人情的绚丽画卷。

（出示有关足球比赛、西班牙斗牛的图片，引导学生了解足球比赛。）

师：由于斗牛比赛具有危险性，一些国家已在逐步取消这种比赛，斗牛士一般会身着正规的服装参加比赛。

（出示有关阿拉伯驼队的图片。）

（学生阅读教材中有关阿拉伯人的服饰的资料。）

思考与探索：

① 阿拉伯人的服饰有什么特点？

② 阿拉伯人的服饰与什么有关？它的作用是什么？

③ 阿拉伯人主要分布在哪里？那里的环境有何特点？

三、课堂小结

师：地理知识存在于我们生活和生产的各个方面，地理是一门非常实用的学科，作为新时代的中学生，一定要学好地理。

四、布置作业

师：请大家通过互联网搜索有关自己家乡的地理知识并整理成文，和大家分享。

教学反思

本节课是学生进入初中学习地理的第一节课，在轻松、愉快的氛围中学习地理，能激发他们的学习兴趣。我通过展示网络资料，很好地激发了学生学习地理的热情、兴趣以及积极性。同时，大量网络资源的运用，增加了课堂的容量，提高了教学的质量。

由于时间关系，我对学生的知识基础、社会经验及技能等方面了解得不够，只能在教学设计中进行设想、分析和尝试，在图片和视频等多媒体资源中强化地理教育的主题。而怎样将有效的资源融入课堂教学中，才能很好地起到辅助作用，使学生学习得更轻松、愉快，实现教学目标，值得我继续研究。

（所获奖项：三等奖）

专家点评

本节课是初中地理学习的第一节课，也是很关键的一节课，教师显然意识到了这一点。在本课教学中，教师为学生提供了大量的图片及文字资料，并以问题引导学生探索地理的奥秘，激发了学生的好奇心，使学生对地理产生了浓厚的兴趣。

上课伊始，教师以视频导入，让学生对课程的学习产生了期待。在教学过程中，教师通过视频、图片、文字资料等的综合运用，让学生体会到地理学科的包罗万象，让学生乐于探索地理学科的奥秘。教师有意识地将地理知识与学生的实际生活相联系，让学生认识到地理离我们的生活并不遥远，从而激发了学生学习地理的热情。教学结束时，教师布置的“通过互联网搜索有关自己家乡的地理知识并整理成文，和大家分享”这一任务深入体现了信息技术与地理学科的融合。

但该教案还存在一些细节问题，如教学目标不够明确，无法很好地指导后续的教学活动；教学环节比较分散，没有一条明显的主线将其串联起来。希望教师在今后的教学中能够注意对细节的把控。

（点评人：北京师范大学石家庄附属学校　米亚会）

巧用角色扮演提高教学效率
——“西南边陲的特色旅游区——西双版纳”教案及评析

孙　秋[①]

教学背景

教学课时：1 课时

教学准备：

1. 学生：收集有关西双版纳少数民族风土人情的资料或实物。

2. 教师：通过互联网查找资料，制作多媒体课件。

教学目标

1. 能在地图上指出西双版纳的地理位置，能分析西双版纳热带季风气候的成因。

2. 知道西双版纳的资源优势，能分析西双版纳旅游业迅速崛起的原因及旅游业对西双版纳经济的带动作用。

3. 通过了解西双版纳的旅游发展状况，增强保护环境、资源的意识，加深对可持续发展战略的认识。

教材分析

本节课主要是认识西双版纳的特色旅游资源。学生通过运用地图和相关资料进行小组讨论，认识西双版纳的区位优势、资源优势，探究西双版纳旅游业迅速崛起并成为其支柱产业的原因及其对经济发展的带动作用，了解区域环境和区域发展对人们生活方式和生活质量的影响。

① 孙秋，江苏省镇江实验学校。

教学重难点

1. 分析西双版纳的位置优势和资源优势。

2. 分析西双版纳热带季风气候的成因。

3. 通过分析西双版纳旅游资源的优势，探讨如何保持该地区的可持续发展。

教学方法

资料收集法、读图观察法、小组合作法、角色扮演法等。

教学过程

一、视频导入

师：云南省的旅游业发展颇具特色，在云南省众多的旅游景区中，西双版纳就像一颗璀璨的绿宝石，镶嵌在云南省的南部，熠熠发光。今天，我们一起走进西双版纳，认识这个位于祖国西南边陲的特色旅游区。

（播放视频《美丽的西双版纳旅游宣传片》。）

二、讲授新课

1. 丰富的旅游资源

师：为什么西双版纳每年都会吸引大批国内外游客前去观光旅游？我们先来看看它的地理位置。

（出示西双版纳的地理位置图，请学生确认西双版纳的纬度位置、海陆位置及相对位置。）

师：西双版纳优越的地理位置形成了其独具特色的自然景观。

（出示景洪市年内各月气温和降水量图，请学生分析西双版纳的气候类型及特点。）

师：在热带季风气候影响下，西双版纳地区形成了典型的热带雨林景观。雨林良好的隐蔽场所和充足的食物来源也为动物提供了有利的生存条件，这里生活着上千种动物。人们形象地称它为“植物王国皇冠上的绿宝石”及“热带动物王国”。为什么西双版纳会有这样的美誉呢？

（出示多姿多彩的雨林植物图和可爱的雨林动物图，引导学生读图，了解西双版纳的动植物。同时，补充有关西双版纳望天树景区、野象谷等的资料。）

师：西双版纳是少数民族聚居的地方，丰富的人文景观同样是西双版纳旅游资源的重要组成部分。

请学生展示课前收集的关于西双版纳少数民族风土人情的资料或实物。教师补充资料，介绍曼飞龙白塔、景真八角亭、傣族园、泼水节、傣族竹楼等。

（出示深受自然环境影响的傣族文化生活图，引导学生通过读图讨论并汇报傣族竹楼、孔雀舞、竹筒饭与当地自然环境的关系。）

2. 蓬勃发展的旅游业

师：西双版纳凭借得天独厚的位置优势和资源优势，在国家和云南省有关政策的鼓励下，大力发展旅游业，开发了一大批国家级旅游景区和多条旅游精品线路。

（出示西双版纳旅游景区和跨国旅游线路的分布图，请学生观察西双版纳与邻国的交通状况，思考并回答这种规划对西双版纳的旅游业发展有什么影响。）

教师评价后点拨：西双版纳与邻国的相关位置及与邻国的交通通达性，可使西双版纳旅游业形成规模效益，开辟更广泛的旅游空间，获得可持续发展。

（教师出示西双版纳旅游景区和跨国旅游线路的分布图以及1991—2001年西双版纳旅游收入在国内生产总值中占的比重图。学生读图，了解相关内容，并分析为什么西双版纳旅游收入在国内生产总值中占的比重越来越大。）

师：自1994年开始，西双版纳旅游收入在国内生产总值中比重超过30%，旅游业已成为其重要的支柱产业。西双版纳原来以农业为主，为什么现在旅游业会迅速崛起，成为重要的支柱产业呢?

（学生分组讨论，选一名代表进行全班交流。）

师：政策的鼓励和支持、优越的地理位置和丰富的资源，加上西双版纳人的聪明才智，使西双版纳的旅游业迅速发展并成为支柱产业。

小活动：角色扮演

请五名学生分别扮演西双版纳的政府官员、商人、学生、宾馆服务员、今日橄榄坝的傣家人，来谈谈西双版纳是如何以旅游业为龙头，带动本地其他行业的发展，提高人民生活水平的。

师：旅游业的发展，促进了西双版纳的经济发展，改善了人民生活。但近年来，西双版纳旅游业的发展呈下滑趋势，这究竟是哪些原因造成的？

（学生阅读课本中的材料，分析西双版纳旅游业的下滑与哪些因素有关。）

师：下面我们分成四个大组（企业家组、学者组、商人组、学生组），以“为西双版纳旅游业献计献策”为题，展开讨论。

（学生分组讨论，小组代表发言。）

师：一个国家或地区旅游业的兴旺发达与否，不仅取决于旅游资源的数量和质量，还取决于对这些旅游资源开发、利用、保护的科学性和合理性。在旅游业的发展上，必须贯彻可持续发展战略，不仅要对旅游机构加强管理，还要对旅游者加强教育引导，提倡文明旅游，爱护旅游资源。

三、课堂小结

师：这节课你有什么收获？

（学生自由发言。）

四、课后拓展

请学生利用互联网搜索西双版纳丰富的旅游资源。

教学反思

本节课以西双版纳旅游业为主线，师生课前通过互联网收集了大量素材，如视频、图片及文字资料，丰富了课堂内容，激发了学生的学习热情，收到了很好的效果。同时通过角色扮演，为学生创设情境，让学生由原来枯燥乏味的被动接受变为主动的积极投入，并产生了强烈的求知欲和学习需求，从“要我学”迅速进入“我要学”的愉悦状态中。这样，教师教得轻松，学生学得灵活，体现了“以学生为主体”的教学理念。

（所获奖项：三等奖）

专家点评

该教案结构清晰，以西双版纳旅游业为主线，以教师引导、学生参与的方式，完成了本节课的学习。教学目标制订合理，能够为后续的教学提供指导。在教学过程中，教师采用多种教学方法，极大地调动了学生的学习积极性，如采用角色扮演的形式，通过创设与课程相关的生活情境，让学生在参与中加深对西双版纳旅游业相关知识的理解。

在导入环节，教师通过视频《美丽的西双版纳旅游宣传片》，让学生对西双版纳有了初步的认识，激发了学生的学习热情。在教学过程中，视频、图片、文字介绍等素材的使用，使知识变得更加生动、形象，更有利于学生掌握。但课后拓展任务（请学生利用互联网搜索西双版纳丰富的旅游资源）不够明确，学生难以有针对性地完成。

（点评人：北京师范大学石家庄附属学校　米亚会）

在解决问题中了解我国西部开发与环境保护之间的关系

——“西部开发的重要阵地——新疆维吾尔自治区”教案及评析

付献清[①]

教学背景

教学课时：2课时

教学准备：

1. 学生：预习新课，收集有关新疆民俗、资源的资料。

2. 教师：通过互联网搜索资料，制作多媒体课件。

教学目标

1. 能描述新疆人口、城市的分布特点，并能在此基础上分析影响其分布的因素，了解各地理要素之间相互影响的关系。

2. 能绘制简图表示新疆地形分布特点，掌握通过绘制简图反映地理事物分布特点的技能和方法。

3. 了解影响区域农业发展的有利条件和不利条件，初步学会辩证分析问题的方法。

4. 明确我国西部开发与环境保护之间的关系，树立人地协调和可持续发展的观念。

教材分析

本课题主要分为三部分内容：第一部分描述自然环境特征，主要学习新疆的地形特征和气候，并说明自然环境对人口、城市和交通分布及农业发展

① 付献清，重庆市石柱土家族自治县黄水中学。

的影响；第二部分介绍新疆在干旱条件下如何开展农业生产及进行农业结构的调整，使农业朝着市场化和特色化的方向发展；第三部分介绍新疆的能源及其开发。

教学重难点

1. 知道新疆的自然环境特征及其对人口、城市、交通分布的影响。

2. 了解新疆发展农业的关键。

教学方法

讲授法、观察思考法、分析讨论法。

教学过程

第 1 课时

一、引入新课

（出示有关新疆风光的图片，播放视频《教你跳新疆舞》，并请学生跟着学。）

师：刚才我们跳的是什么舞？（新疆舞）下面我们就来学习“西部开发的重要阵地——新疆维吾尔自治区”。（板书课题）

二、讲授新课

1. 认识地理位置与地形特征

（出示新疆少数民族服饰图片。）

师：位于我国西北边陲的新疆维吾尔自治区，是我国面积最大的省区，这里是一个以维吾尔族、汉族为主体的多民族聚居区。

（出示新疆地形与城市的分布图和新疆轮廓图。）

学生读图，思考、讨论以下问题。

（1）图中雪线的海拔是多少？哪些山脉的海拔超过了雪线？这些山脉对新疆人民的生活、生产有什么影响？

（2）在新疆轮廓图上简单画出新疆的主要山脉和盆地，体会新疆“三山夹两盆”的地形特点。

（3）找出新疆主要的河流，观察河流与地形的关系。在新疆轮廓图上简单画出主要的河流。

（出示新疆气温曲线和降水柱状图，引导学生分析新疆的气候特征，并分析其形成原因。）

（4）在图中找出新疆的主要城市，观察城市与地形、河流的关系，用城市符号将城市标注在新疆轮廓图上，并分析各地理要素之间相互影响和相互制约的关系。

2. 分析人口、城市、交通与绿洲的关系

利用学生绘制的简图及前面学习的关于新疆地形、气候、河流等知识，分析新疆人口和城市与地形、气候、河流等自然地理要素之间的关系。

（出示新疆的荒漠及周围环境图和塔里木盆地的沙漠与绿洲图。）

学生读图，思考、讨论以下问题。

（1）观察雪线以上的山脉分布，了解绿洲的分布特点，分析其与自然地理要素间的关系，以及人口、城市分布与绿洲分布的关系。

（2）总结绿洲在新疆的作用。

（3）观察图中绿洲与绿洲之间的距离，这样的距离对当地的社会经济发展会有怎样的影响？怎样改善？

3. 分析荒漠化与人类生存发展的关系

读新疆地形与城市的分布图和塔里木盆地的沙漠与绿洲图，运用所学知识分析新疆地区在发展生产和日常生活中应注意的问题是什么。（荒漠化问题）

简单分析荒漠化问题产生的原因及采取的措施。

通过互联网搜索有关新疆林业生态建设重点逐步转向荒漠化治理的资料。

三、课堂总结

引导学生回顾本节课所学知识。

第2课时

一、复习导入

1. 回顾新疆地形、气候、水源方面的特点。

2. 回顾绿洲在新疆的作用。

师：在这样的环境下，新疆的经济该如何发展？（引出新疆的农业发展）

二、讲授新课

1. 富有特色的绿洲农业

(1) 引导学生分析新疆地区发展农业的有利条件和不利条件。

有利条件：光照充分，昼夜温差大，适合多种农作物的种植。

不利条件：降水少，蒸发旺盛，水资源匮乏。

(2) 引导学生分析地形、水源等因素对农业发展的影响。

有利影响：盆地边缘有绿洲，水源丰富。

不利影响：荒漠广布。

师：新疆人民是如何趋利避害，发展农业的？(修建坎儿井工程)

(出示坎儿井剖面示意图及坎儿井图片。)

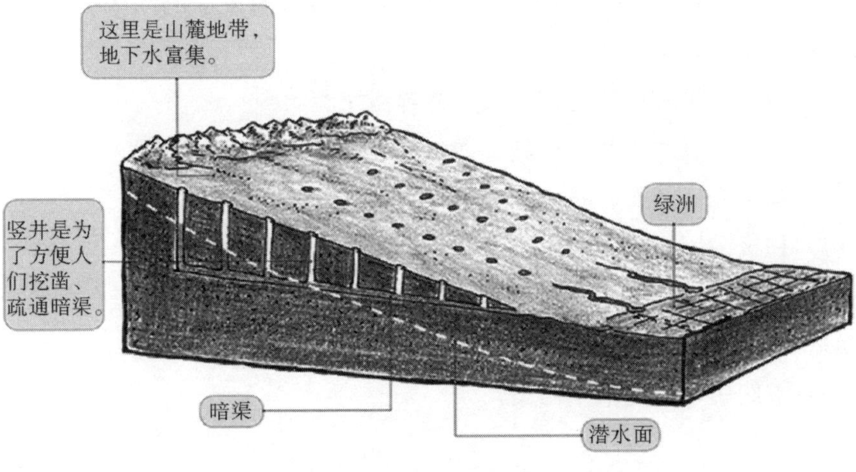

坎儿井剖面示意图

坎儿井

学生分组分析新疆修建坎儿井工程的原因，以及修建这种水利工程的好处。教师介绍绿洲特色产品。

师：干旱地区农业发展的关键是什么？

学生讨论，教师总结。

（1）适度利用水资源，选择适宜的农作物种类是干旱地区农业发展的关键。

（2）把握好一个“度”，农业才能实现可持续发展。

（3）过度及不当利用水资源，或对水资源的需求超过自然所能够提供的量，农业发展就会受到制约。

师：目前，在新疆的一些绿洲地区，随着人口的增长和经济的发展，生产和生活用水量猛增。现有的引水手段已经不能满足人们正常生产和生活对水的需求。如何合理开发利用水资源已成为当地普遍关注的问题。你认为下列看法哪些是合理可行的？

（1）应该维护和修建更多的坎儿井灌溉工程。

（2）大力建设水利基础设施，如水库。

（3）运用先进的打井技术，大力开采利用地下水资源。

（4）积极采用先进的节水灌溉技术，发展节水农业。

（5）改变农业种植结构，增加用水少、经济价值高、产量高的作物的比重。

（6）节约用水，防治水污染。

（学生讨论。）

师：出现问题不可怕，及时发现问题，并找出相应对策解决问题才是最重要的。那么，新疆地区农业发展的出路是什么？（节水农业、立体农业、无土栽培技术等农业发展模式和技术）

（播放视频《节水农业——走出干旱》。）

师：农业发展除技术上的改进和提高外，还可以朝什么方向发展？

教师引导学生充分讨论，设计未来农业发展的方向，在讨论过程中，让学生明确未来农业发展的关键在于经济效益和生态效益的双丰收。

师：新疆地区仅靠发展农业是否能满足不断增长的人口的需求？（不能）

2. 潜力巨大的能源开发

（出示中国的石油、天然气资源的分布图和新疆油气资源分布图。）

学生读图，并根据教材相关内容思考以下问题。

（1）我国东部地区的能源需求量如何？东部地区能源供给能否满足该地区的需要？

（2）西部地区的能源储量占我国陆地总储量的多少？对其利用程度如何？

（3）针对东、西部地区的这种状况，你认为应该怎么做？

总结：西部地区的能源开发，不仅可以发展本地区的经济，对东部地区经济的发展也起着举足轻重的作用。

（出示西气东输线路图，播放视频《西气东输工程》。）

学生读图，思考、讨论以下问题。

（1）图中输气管通过了哪些地区？

（2）西气东输可以给西部地区带来哪些影响？

（3）西气东输对东部地区的影响是什么？

（4）在西气东输工程的建设过程中，如何避免对生态环境的破坏？

师：西部地区的经济发展仅靠能源的输出是否可行？是否能够获得最大的经济效益？未来其经济发展的方向是什么？

总结：一个地区的经济发展仅靠能源的输出是远远不够的，还应该进行原料的初级加工和深加工，同时可以充分利用当地独特的自然条件发展旅游业，利用其独特的地理位置发展贸易，这一切发展都应该做到经济效益和生态效益双赢。

三、总结全课

引导学生回顾本节课所学知识。

教学反思

新疆维吾尔自治区是我国西部开发的重要阵地，其自然环境的特点对人口、城市的分布和农业的发展有着较大的影响。

首先，我引导学生从自然环境入手，分析了自然环境对新疆人口、城市、交通、农业的影响，使学生了解了新疆人民在干旱环境下为了本地区的生存和发展所采取的有效的方法和措施，同时使学生明白了人类战胜自然、征服自然的强大能力，认识到劳动人民的伟大。

接着，我引导学生对新疆的经济在发展过程中的结构调整、出现的问题及未来的发展方向进行了讨论和思考，培养了学生收集信息、分析信息、处理问题的能力。

在教学中，我引用了大量的图片、视频等资料，帮助学生掌握了知识，提高了思考问题的能力。

在教学中，我以西气东输工程为导线，引出环境保护问题，使学生认识到环境保护对人类生存发展的重要性，让学生知道了环境保护是促进某一地区可持续发展的重要因素。

教学中还有一些不尽如人意的地方，比如，学生不能将视频与学习内容很好地结合，这可能是我在选择相应资料的时候考虑不够细致造成的；同时，我对课堂节奏的掌控能力还有待进一步提高。

（所获奖项：三等奖）

专家点评

本课教学从自然环境入手，对新疆经济在发展过程中遇到的相关问题（结构调整、出现的问题、未来的发展方向等）进行讨论，让学生在收集、分析、处理信息的过程中深入理解了人与自然的辩证关系。

在本课教学中，教师运用了大量的图片、视频等资料，不仅激发了学生学习的积极性和主动性，还帮助学生掌握了相关知识点。本节课体现了“以学生为主体，以教师为主导”的教学思想，在教师的引导下，学生逐步深入思考教师提出的问题，对所学内容有了更深的认识。

（点评人：北京师范大学石家庄附属学校　米亚会）

在展示共享中提高学生知识水平
——“滚滚长江”教案及评析

李三元[①]

教学背景

教学课时：1课时

教学准备：

1. 学生：预习新课，收集关于长江的详细资料。

2. 教师：通过互联网查找素材，制作多媒体课件。

教学目标

1. 能说出长江的发源地、流经省区、注入的海洋、长度，能说出长江上、中、下游的分界点。

2. 学会用地图等资料说明长江的基本概况。

3. 能初步提出长江开发利用的方向及措施。

4. 初步树立河流生态保护意识，形成因地制宜发展经济的观念，增强民族自豪感和社会责任感。

教材分析

从教材结构上看，本节课既是学习中国河流概况课题的具体化，又是下面学习黄河水系的基础，更是深入理解中国自然环境要素的有力补充，对整个中国自然地理的学习具有承上启下的案例解读作用。

教材用极其精练的文字和生动的图片介绍了长江的基本概况、上、中、下游的水文特征及水能资源分布状况，并介绍了长江三峡工程，点明了长江

---

① 李三元，湖北省宜昌市长阳土家族自治县都镇湾镇中心学校。

的航运价值——黄金水道。本课教学旨在让学生通过学习，掌握学习水系的重要方法。

教学重难点

1. 了解长江流域概况。
2. 知道如何科学并合理地规划、开发长江。

教学方法

自主学习法、合作学习法、情感渲染法、互动启发法、展示分享法。

教学过程

一、激情导入，揭示目标

师：同学们，我们长阳人的母亲河是——

生：清江河！

师：那么，清江河的母亲是——

生：长江！

师：对，我们今天就来学习长江。

（播放音乐《长江之歌》，出示学习目标，并让学生大声读出来。）

二、自学讨论，合作探究

师：请大家认真自学教材内容，思考下列问题，同桌或者小组围绕疑难问题讨论交流。看谁自学能力强，自学效率高。

（出示长江流域水系图。）

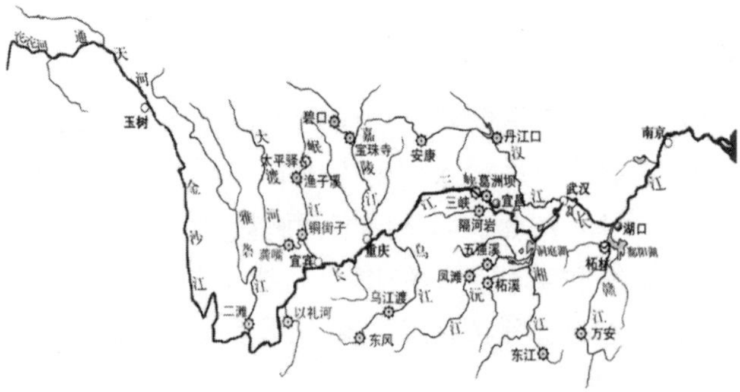

（1）长江发源于__________，向东入________，全长________，是我国第____长河，世界第________长河。

（2）长江干流经过省区自西向东依次为______________________，它对两岸人们的生产和生活有什么影响？__________________________________

（3）长江上、中游的分界点在__________________，中、下游的分界点在________。

（4）长江干流北岸的主要支流有____________________，南岸的主要支流有__________，主要湖泊有________________。它们对下游河段有什么影响？____

（5）长江流域存在哪些生态问题？如何治理？

____

学生先自学，画长江流域水系简图；然后同桌或小组进行讨论交流，分享学习心得；之后交流、展示。

师：我们先来了解长江概况，哪位同学来和大家分享一下你的所得？

生：（回答第1题）长江发源于青藏高原上的唐古拉山脉，向东入东海，全长6300千米，是我国第一长河，世界第三长河。

师：为什么说长江是我国第一长河和世界第三长河？

（出示长江的相关数据和世界大河的排名。）

学生从长度、流域面积、流量等角度分析。

师：长江自西向东入海意味着什么？

学生从航运意义上进行分析。

生：（指图回答第2题）长江干流经过省区自西向东依次为青海、四川、西藏、云南、重庆、湖北、湖南、江西、安徽、江苏、上海共11个省（自治区、直辖市），它为这些省区提供了生产和生活所需的水资源及旅游资源。

（其他学生补充长江的航运情况、水能资源等。）

生：（回答第3题）长江上、中游的分界点在湖北省宜昌市，中、下游的分界点在江西省湖口县。（在图中指出两个分界点）

（教师播放视频《长江上、中、下游的划分》。）

师生补充：上游段落差大，江流湍急，水能资源十分丰富；中游段地势低平，河道蜿蜒，水面宽阔，流速锐减；下游段地势更趋低平，江面开阔。

师：这种特征表现与什么有关？

生：与流经地的地形有关。

（引导学生读图，得出长江干流经过青藏高原、四川盆地、长江中下游平原。）

（出示长江干流剖面示意图。）

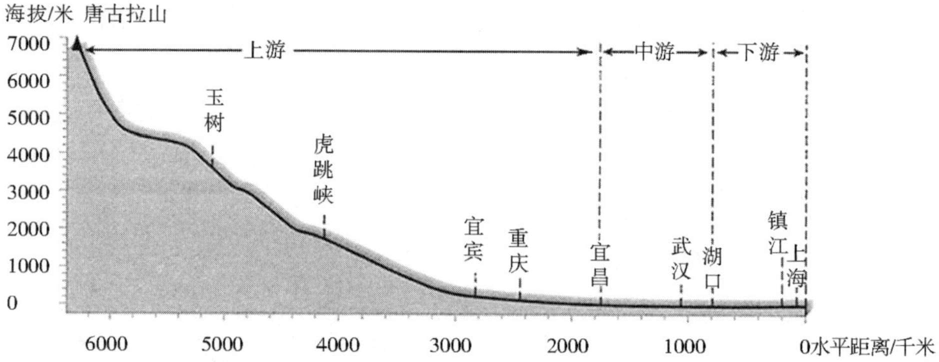

师：长江干流剖面示意图的横坐标代表什么？纵坐标代表什么？

生：横坐标代表长江的长度，纵坐标代表海拔高度。

师：哪一段落差最大？

生：上游段。

师：长江上游段的落差约是多少？这意味着什么？

生：约 6300 米，说明上游段水能资源最丰富。

师：为什么这里落差最大？

生：（联系我国的地势特征分析）上游段地处第一、二级阶梯交界处，河道落差很大。

师：我国对它进行了开发利用吗？

生：这里已经修建了三峡工程。（重点介绍长江三峡水电站、葛洲坝水电站及溪洛渡水电站）

师：在你画好的长江流域简图中标出这些工程的位置和名称。

师：中游段多支流、多湖泊意味着什么？

生：意味着水量会很大。

生：意味着可能有大量泥沙汇入干流。

师：可能导致什么后果呢？

生：夏季持续降水可能会引发洪水泛滥。

师：对什么地区威胁最大呢？

生：（看图分析）对中、下游地区威胁最大，如武汉。

（播放视频《长江流域汛情严峻》。）

师：三峡工程的首要任务是什么？

生：防洪。

师：还会引发什么问题？

生：还可能导致河道受阻，影响航运。

师：你是针对什么情况说的？

生：如果植被稀少，水土流失会很严重。

师：所以，相关地区要注意做好什么工作？

生：做好水土保持工作，防止泥沙下泄。

师：我们也生活在长江流域，你知道我们为此做了什么重要工作吗？

生：退耕还林。

（介绍退耕还林工程。）

生：（回答第 4 题）长江干流北岸的主要支流有雅砻江、岷江、嘉陵江和汉江，南岸的主要支流有乌江、湘江和赣江，主要湖泊有洞庭湖、鄱阳湖。夏季暴雨，它们可能会带来严重的洪涝灾害，但在干旱期能保证下游有充足的水量供应。

师：回答得很好。那么，就运输而言，大家对长江水系有什么看法？

生：它不仅贯通东西，通过支流、湖泊还打通了南北水上通道，使得通航里程大增，因此，自古以来就有“黄金水道”的美誉。

师：你认为长江流域存在哪些生态问题？如何治理？

生：（回答第 5 题）上、中游水土流失严重，污染比较严重。

师：知道是什么原因造成的吗？

生：植被稀少，人们滥砍滥伐所致。

（出示新闻报道《长江流域水土流失严重，近 50 万平方千米有待治理》，播放视频《长江的水土流失》。）

师：如何解决这些问题呢？

生：在上、中游大力植树造林，严禁毁林开荒；在中、下游兴建水利工程，减少泥沙下泄；针对污染，严令向河道排放污水，或者把污水净化后进行排放等。

师：大家今天学得很认真，收获也很多吧？下面我们来看看谁的收获最多，表现最出色。

三、当堂检测，评估达标

1. 长江的长度在世界大河中仅次于（　　）。

A. 亚马孙河、刚果河　　B. 尼罗河、亚马孙河

C. 尼罗河、刚果河　　D. 密西西比河、莱茵河

2. 长江的径流量在世界大河中仅次于（　　）。

A. 尼罗河、亚马孙河　　B. 亚马孙河、刚果河

C. 尼罗河、密西西比河　　D. 密西西比河、莱茵河

3. 长江干流的水能资源主要集中在（　　）。

A. 上游河段　　B. 中游河段

C. 下游河段　　D. 中、下游河段

4. 位于长江上游的直辖市是（　　）。

A. 武汉　　B. 天津　　C. 上海　　D. 重庆

5. 综合治理长江的首要任务是（　　）。

A. 大力开发水能资源　　B. 防止水土流失

C. 防洪　　D. 大力发展灌溉事业

6. 长江流域大部分地区属于哪个温度带？（　　）

A. 中温带　　B. 亚热带　　C. 暖温带　　D. 热带

7. 长江流量丰富，对其原因的叙述，错误的是（　　）。

A. 长江流域面积广大

B. 长江流域位于雨量丰富的湿润地区

C. 流域内植被茂密，涵养水源条件好

D. 长江流域处在暖温带

8. 过去，长江荆江河段多水灾的主要原因是（　　）。

A. 雨量大而集中　　B. 河段特别弯曲

C. 地势坡度小　　D. 河道狭窄

9. 近年来，长江含沙量有所增加，其主要原因是（　　）。

A. 南北两侧支流多，携带泥沙量大

B. 汛期长，水量大

C. 上、中游滥伐森林，水土流失严重

D. 多暴雨，冲刷严重

10. 长江干、支流通航里程达（　　）。

A. 六千多千米　　B. 一万多千米

C. 五万多千米　　D. 七万多千米

11. 长江滩多流急的河段是（　　）。

A. 荆江　　B. 金沙江　　C. 川江　　D. 扬子江

12. 下列河段中属于长江干流的有（　　）。

A. 通天河　　B. 当曲　　C. 大渡河　　D. 乌江

13. 地跨长江上、中游的省是（　　）。

A. 江苏　　B. 湖北　　C. 湖南　　D. 江西

教学反思

在本节课教学中，我引导学生调动各种感官积极主动地学习，充分体现了预设与生成的和谐统一，注重学生主体与教师主导的有机结合，体现了“先学后教，以学定教”的教学理念。学生通过自学、思考、讨论、交流，发挥了主观能动性。我努力将教立足于学生的学，在课堂上给予学生必要的点拨，为学生创造展示和表达的机会，使学生的学习更加生动、活泼。学生在丰富的学习情境中，能充分发挥主观能动性，高效地进行学习、合作、交流、展示，能相互启迪，地理课堂成了学生开阔视野、丰富思想、提升情感的园地。我充分发挥教师的主导作用，运用现代信息技术和网络资源，围绕教材、学生、教学目标有效整合学习资源，提高了课堂教学效率。同时，为检测学生对知识的掌握情况及课堂教学效果，我对学生进行了当堂检测，实现了教学评一体化的运行机制。这是一次有益的尝试。

（所获奖项：三等奖）

专家点评

该教案结构清晰、合理，教学目标的编写是根据新课标的要求和学生的知识水平及认知能力确定的，对教学有很强的指导性。在具体的教学环节设计上，注重教师引导和学生思考的有效结合。教师利用网络资源，启发诱导学生，使学生主动地发现地理问题、解决地理问题、总结学习经验。

在导入环节，教师结合歌曲《长江之歌》和学生日常的生活经验，让学生对长江形成了初步的认识。在教学过程中，教师结合有关长江的图片、文字资料来引入或者说明本课的知识点，在帮助学生理解的同时，激发了学生的学习兴趣。

总体来说，该教案还是不错的，但是在细节的处理上还存在一些问题：课堂教学没能真正落实到学生的实际生活中，未达到灵活运用知识的目的；课堂中的知识性练习过多，选取其中有代表性的练习即可，其余部分可用于拓展性练习。

（点评人：北京师范大学石家庄附属学校　米亚会）

多种方法并用，提高学生的学习效率
——“中国的民族”教案及评析

吴贵平①

教学背景

教学课时：1课时

教学准备：

1. 学生：分组收集有关各民族风土人情、传统节日的图片或物品等，调查生活周围有哪些少数民族。

2. 教师：收集民歌、视频等资料，制作多媒体课件。

教学目标

1. 知道我国有56个民族，树立正确的民族观。

2. 能说出我国各民族的分布特点。

3. 了解我国主要的少数民族及其风土人情。

教材分析

我国是一个由56个民族组成的团结和睦的、统一的大家庭。本节内容是培养学生爱国主义情感很好的素材。本节教材包括三部分内容：56个民族、大杂居与小聚居、独特的民族风情。读图分析我国民族的分布特点，将地理空间分布的知识落实到地图上是本节课的重点。教材通过大量生动有趣的阅读材料让学生了解祖国丰富多彩的民族文化、我国和睦统一的局面，激发学生的爱国情感，增强学生的民族自尊心、自信心。

① 吴贵平，山东省青州市职工子弟学校。

教学重难点

了解我国各民族的分布及其特点。

教学方法

小组合作法、讲授法。

教学过程

一、导入新课

（播放歌曲《掀起你的盖头来》。）

师：你能猜出这是哪个民族的民歌吗？

二、讲授新课

1. 多民族的大家庭

（出示中国民族分布图及各民族人口统计表。）

学生读图，思考以下问题。

（1）分布最广、人口最多的是哪个民族？

（2）计算汉族人口占全国人口的比例。

（3）根据这些数据画出汉族和其他少数民族所占比重的扇形图。从图中你发现了什么？

归纳：汉族人口最多，约占全国人口总数的92%，其他55个民族人口较少，约占全国人口总数的8%。

师：我们习惯上把其他55个民族称为什么？

生：少数民族。

师：我国各少数民族的人口数量悬殊。

学生读图抢答。

（1）人口超过500万的少数民族是哪几个？

（2）找出人口最多和最少的少数民族。

（3）哪个少数民族散居各地？

（4）少数民族最多的省区是哪里？

歌谣总结：壮满回苗维，彝土家蒙藏。壮族人最多，珞巴人最少。散居各地者，唯独数回族。民族数最多，云南独占鳌。

2. 民族的分布

师：我国的民族分布情况如何？

（出示中国民族分布图。）

小组活动一：学生分组合作，分析、归纳我国民族分布的特点。

读图并在表中填出少数民族的主要分布地区。

民族名称	主要分布地区	民族名称	主要分布地区
壮族		彝族	
满族		傣族	
回族		蒙古族	
维吾尔族		藏族	

学生读图并思考以下问题。

（1）找出人口超过 500 万的少数民族的主要分布地区。

（2）按地理方位说出少数民族的主要聚居地区。

（3）在汉族集中的地区有没有少数民族？是否存在没有汉族人分布的省、直辖市、自治区？

（4）少数民族与汉族在分布上有什么关系？

（5）这体现了我国民族分布的什么特点？

（6）这种分布特点有哪些有利的方面？

3. 独特的民族风情

师：一方水土养一方人，长期生活在不同的地域环境，形成了不同的民族文化。各个民族都有自己的风俗习惯，有些民族还有自己的语言、文字，形成了独特的民族风情，真是“百里不同风，千里不同俗”。下面让我们一起来欣赏一些民族风情。

（播放视频《那达慕大会点燃草原夏日激情》《傣族泼水节》《赛龙舟》。）

小组活动二：举行少数民族风情展示会。

各小组整理资料，选派代表上台展示。

第一组：展示他们收集到的图片和物品并进行介绍。（哈达、乐器图片及服饰……）

学生竞赛：出示一些少数民族服装图片，分别猜猜它们是哪个民族的服装。

第二组：介绍少数民族的风土人情。

俄罗斯族接人待客，讲究礼节，最隆重的传统礼节是在面包上撒点盐迎接客人，象征着友谊和善意。壮族喜欢唱山歌。侗族有鼓楼和风雨楼、打油茶。畲族男女互嫁的婚俗和风格独特的凤凰装。满族不吃狗肉，回族不吃猪肉……

第三组：介绍少数民族的传统节日。

傈僳族奇特的刀杆节、侗族的吃新节、傣族的泼水节及其来历。

每一组介绍完，教师都及时给予鼓励性评价，最后从中选出表现最佳的小组。

师：三个小组的精彩介绍让我们增长了不少知识，了解了祖国丰富多彩的民族文化。我们必须了解、尊重各民族的语言、文字、风俗习惯，共同缔造一个前途似锦的强国。

师：假如有一个少数民族学生参观团到我们学校参观，你该怎么做?

(学生讨论、回答。)

师：你知道我国的民族政策吗?

(学生回答，教师补充。)

师：班上有个同学是少数民族，同学们经常因他与众不同的习俗取笑他，这样做对不对?

(学生自由表达自己的意见。)

三、课堂小结

师：通过今天的学习，我们知道中国是一个团结统一的多民族大家庭，有56个民族成员。(结合中国民族分布图，引导学生回顾本节课知识)

歌谣：中华民族五十六，人口最多是汉族。

少数民族五十五，人口最多是壮族。

汉族分布遍全国，集中东部和中部。

西南西北和东北，少数民族广分布。

各族杂居或聚居，平等团结又互助。

师：让歌声在祖国大地自由飞翔，民族团结的烟火到处绽放，愿祖国的明天更加辉煌灿烂。(播放歌曲《爱我中华》)

教学反思

本节课以学生为主体进行教学，在课堂上，我积极创设情境，激发学生的学习积极性，培养学生的读图能力。在教学中通过读图分析、开展竞赛、趣味游戏等活动，让学生在宽松愉快的环境中主动学习，掌握知识，提高能力。我设计了一系列具有思考价值的问题，启发学生的思维，激发学生的学习兴趣。我让学生以小组合作的形式进行探究学习与交流，使他们形成了互相帮助的良好品质，并在自主学习的同时掌握了学习方法。课上，我通过举行少数民族风情展示会，给学生提供了充分的活动空间和表现机会，锻炼了学生的语言表达能力，使学生体验到成功的喜悦，增强了自信心。本节课教学，使学生从多个角度认识社会，锻炼了学生的创造性思维，培养了学生的各种能力。

（所获奖项：三等奖）

专家点评

该教案体现了“以学生为中心”的教学理念。在教学中，教师以学生为主体，积极创设情境，激发学生的学习积极性，培养学生的综合能力。上课伊始，教师通过耳熟能详的歌曲《掀起你的盖头来》导入，有效激发了学生的学习兴趣，促进了后续教学活动的开展。在小组活动一中，教师通过提问、出示表格等，帮助学生在小组活动中学习各民族的分布情况。在小组活动二中，通过小组展示，学生对独特的民族风情有了更多的认识。在本课教学中，教师布置的任务“假如有一个少数民族学生参观团到我们学校参观，你该怎么做”，符合学生的生活实际，能够帮助学生灵活运用所学知识解决生活中可能遇到的问题。最后，教师通过歌曲《爱我中华》，使学生实现情感上的升华，有利于培养学生的爱国之情。

该教案在充分利用教材的基础上，挖掘了互联网中相关的教学资源，帮助学生很好地完成了本节课内容的学习，同时实现了信息技术与地理教学的有效融合。但在教学目标等细节的处理上，还有待于进一步改进。

（点评人：北京师范大学石家庄附属学校　米亚会）

以问题引导教学，打造高效课堂

——“珠江三角洲”教案及评析

孙　骏①

教学背景

教学课时：1课时

教学准备：

1. 学生：预习新课，调查我们身边有哪些广东省的产品。
2. 教师：通过互联网搜索素材，制作多媒体课件。

教学目标

1. 能说出珠江三角洲地理位置的优越性。
2. 能通过阅读有关图表，归纳珠江三角洲地区经济发展的特点和主要产业部门，并能说明其形成的原因，理解地理位置对区域发展的重要性。
3. 培养归纳概括能力、解决问题能力、团队协作能力。
4. 了解我国改革开放所取得的巨大成就，认识对外开放战略的正确性，激发热爱祖国的情感。

教材分析

本课题主要包括两部分内容：珠江三角洲的地理位置及其外向型经济。珠江三角洲地区作为我国对外开放的前沿地区，其地理位置的优势、政策的优势和社会经济发展的优势是本课题的重点内容。这些优势条件使得珠江三角洲形成了一个包括经济特区、沿海开放城市、沿海开放区在内的多层次、多角度、全方位的开放体系。

---

① 孙骏，上海市向东中学。

教学重难点

1．能说出珠江三角洲地理位置的优越性。

2．了解珠江三角洲成为我国对外开放前沿地区的原因。

教学方法

案例分析法、图表展示法。

教学过程

一、导入课题

（播放歌曲《春天的故事》。）

师：歌曲中所说的“老人”是谁？所描述的是哪一个地区？

二、教授新课

1．开放的前沿

师：1980年，我国建立了4个经济特区（深圳、珠海、汕头和厦门），开始了我国改革开放的历程，其中深圳、珠海均位于珠江三角洲。1985年，整个珠江三角洲被辟为沿海经济开放区，成为我国对外开放的前沿地带。中国的对外开放为什么首选珠江三角洲地区呢？珠江三角洲对外开放有哪些有利条件？

（出示珠江三角洲图。）

学生结合珠江三角洲图，根据教材中关于珠江三角洲的形成及其地理位置的优越性的内容分组合作，从地理位置、人文因素、政策因素等方面进行分析。

师生共同分析、归纳。

优越的地理位置	邻近位置	毗邻香港、澳门特别行政区
	海陆位置	濒临南海，与东南亚地区隔海相望
	纬度位置	北回归线以南，气候条件优越
人文因素		具有对外开放的历史传统，很多地方是著名的侨乡
政策因素		国家对珠江三角洲地区实施了“对外开放，优先发展”的策略

2. 外向型经济

读图并回答问题。

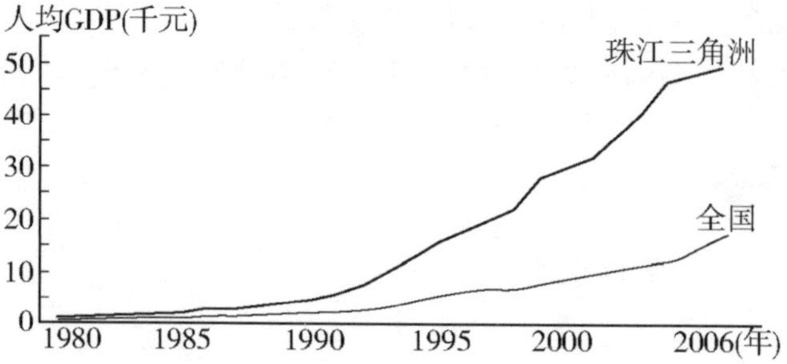

珠江三角洲地区和全国人均国内生产总值(GDP)增长比较

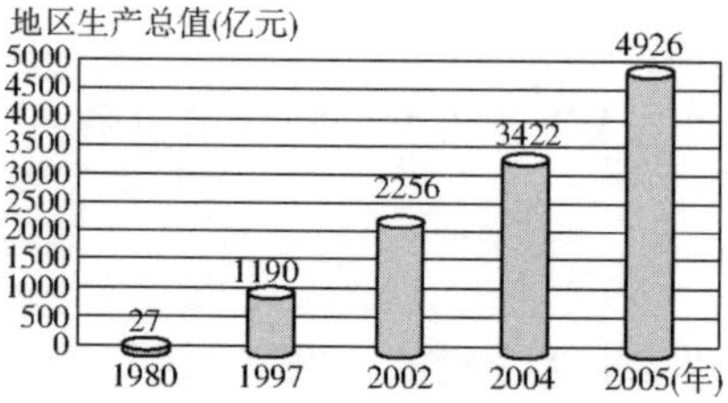

1980–2005年深圳市地区生产总值的增长

（1）在人均国内生产总值（GDP）的变化上，珠江三角洲地区和全国的趋势有何差异？

（2）深圳市地区生产总值每增长1000亿元分别大约用了几年时间？

（3）2005年深圳市地区生产总值大约是1980年的多少倍？

（4）这些数据说明了什么？

小结：经济高速增长。

师：珠江三角洲人口稠密，劳动力资源丰富，又是全国著名的“侨乡”。改革开放以来，珠江三角洲利用其紧邻港澳的优势，在引进大量资金和先进技术设备的同时，也引进了先进的经营管理方式和最新的工商、科技信息，大力发展外向型经济。

师：（出示珠江三角洲工业区图）我们来看看珠江三角洲地区主要有哪些工业部门。

（学生读图并回答。）

师：珠江三角洲把产业结构调整的重心转移到发展高新技术产业上，逐渐成为我国电子信息产品的重要制造和加工地。这里已成为世界著名的家用电器和日用消费品生产、出口基地之一。

［出示表：珠江三角洲部分工业品在全国的比重（2001 年）。］

珠江三角洲部分工业品在全国的比重（2001 年）

工业产品名称	占全国同类产品的比重（%）	工业产品名称	占全国同类产品的比重（%）
彩电	34.8	照相机	64.3
电冰箱	25.1	组合音响	80.4
电风扇	88.2	电饭锅	79.0
微波炉	72.1	电话单机	78.8
燃气热水器	58.4	传真机	55.5
空调	37.5	打印机	60.2

三、练习巩固

1. 珠江三角洲位于（　　）的东南部。

A. 广东省　　B. 广西壮族自治区

C. 云南省　　D. 青海省

2. 我国的“南大门”指的是（　　）。

A. 香港　　B. 台湾

C. 长江三角洲　　D. 珠江三角洲

3. 珠江三角洲地区外资的主要来源是（　　）。

A. 东南亚　　B. 日本　　C. 台湾地区　　D. 港澳地区

4. 珠江三角洲出口产品通过的主要贸易渠道是（　　）。

A. 国内市场　　B. 港澳地区　　C. 台湾地区　　D. 美国

四、布置作业

以小组为单位办一期有关珠江三角洲地区的小壁报。

教学反思

在本课教学中，我引导学生通过读图学习本课知识，培养了学生的读图能力、分析能力，同时提高了学生解决问题的能力。在讲解完知识点之后，我让学生通过练习巩固了所学知识。最后，我让学生课后以小组为单位办一期有关珠江三角洲地区的小壁报，不仅能使学生继续学习有关珠江三角洲的知识，还培养了学生的合作意识。

（所获奖项：三等奖）

专家点评

该教案思路清晰，结构完整。教师通过提出大量有价值的问题，帮助学生完成了本节课内容的学习，提高了学生解决问题的能力。在导入环节，教师让学生寻找歌曲《春天的故事》中的重要信息，使学生对珠江三角洲形成了初步的认识，为后续学习打下了基础。在教学过程中，教师引导学生通过读图来学习知识点，在帮助学生理解知识的同时，提高了学生的学习兴趣。在最后的教学环节中，教师设计的“以小组为单位办一期有关珠江三角洲地区的小壁报”任务，能够使学生在灵活运用所学知识的基础上，发挥主观能动性，实现信息技术与地理学科的有效整合，同时培养了学生的合作能力。

总的来说，这是一份不错的教案。

（点评人：北京师范大学石家庄附属学校　米亚会）

导学案引导下的高效课堂
——“祖国的心脏”教案及评析

牛绍水[①]

教学背景

教学课时：1 课时

教学准备：

1. 学生：收集有关北京的图片，小组合作探究北京的城市职能。

2. 教师：通过互联网搜索素材，制作多媒体课件。

教学目标

1. 知道北京是我国的首都，能举例说明北京是我国的政治中心和文化中心。

2. 熟悉北京的著名建筑和历史文化景观，了解北京的历史文化特色。

3. 能利用地图说明北京的地理位置、地形、气候等特征。

4. 通过对北京历史文化的了解，懂得尊重祖国的历史文化传统。

教材分析

教材首先展示了北京市的位置和范围示意图，通过问题引领学生检索图中的主要信息。然后以一段阅读材料，介绍了北京的气候。接着介绍了本课题的两部分内容：政治文化中心、历史文化名城。

在第一部分内容中，教材展示了两组图片，第一组图片分别为开国大典、中南海新华门、人民大会堂，用以说明北京是全国的政治中心，第二组图片主要是北京一些重要的文化场所，是为了说明北京是全国的文化中心。

① 牛绍水，山东省枣庄市第三十七中学。

在第二部分内容中，教材利用文字和图片展示了北京悠久的历史文化。

教学重难点

1. 通过图文资料理解北京的城市职能。
2. 以小组为单位探究北京是我国的政治中心和文化中心。

教学方法

本课以学生发展为本，遵循学生的身心发展规律，采用生生为师、合作探究的教学模式，通过让学生在网上搜索和北京相关的资料，使其加深对北京是我国的政治中心和文化中心的理解。

教学过程

一、情境导入

1. 播放国歌

（播放《义勇军进行曲》。）

师：你知道这雄壮的旋律第一次作为国歌播放的时间和地点吗？

（1949 年 10 月 1 日，在北京天安门广场举行的开国大典上。）

（教师板书课题。）

2. 出示学习目标

（教师通过多媒体课件出示学习目标，让学生明确本节课的学习任务。）

二、合作探究

1. 北京的自然特征

学生以小组为单位完成导学案中的问题。

（1）北京位于________平原的________端，背靠群山。

（2）北京地势________，________、________、________三面环山。

（3）北京地处________气候区，春季________，夏季________，秋季________，冬季________。

教师重点讲解河流与地势的关系。

2. 政治文化中心

学生以小组为单位完成导学案中的问题。

（1）北京是全国的政治中心。__________是党中央和国务院所在地，__________是全国人民代表大会常务委员会所在地，国家最重要的新闻机构__________和__________也在北京。

（2）北京是全国的文化中心。科研机构众多，有________、________等；高等院校众多，有__________、__________等；文化体育场所众多，有__________、__________、亚运村等。

教师通过互联网查找图片，让学生进一步了解北京是我国的政治中心和文化中心。

天安门

人民大会堂

国家图书馆

清华大学

师：哪些图片能说明北京是政治中心？哪些图片能说明北京是文化中心？

3. 历史文化名城

学生先自学教材内容，然后以小组为单位完成导学案中的问题。

（1）为什么说北京的历史文化悠久？

____

（2）__________、__________、__________、__________、__________等被联合国列入《世界遗产名录》。

（3）北京还有哪些具有特色的旅游资源？

____

____

教师总结，主要从三个方面说明：一是历史文化悠久，二是世界文化遗产众多，三是特色旅游资源丰富。教师通过互联网搜索相关图片，加深学生的认识。

三、拓展提高

师：请你介绍一下北京有哪些著名的旅游景点，并写一篇关于北京旅游的解说词。

四、当堂达标

1. 北京的地势特点是____________。

2. 北京与我国的______省和________市相邻。

3. 人民大会堂、中南海反映出北京的城市职能是__________。

4. 北京的旅游资源丰富，被列入《世界遗产名录》的有____________、______________、______________、______________、______________等。

5. 北京古城城址的变迁，主要与____________因素有关。

五、课堂总结

师：这节课你学到了什么？

引导学生总结出以下三点：北京的自然环境、政治文化中心、历史文化名城。

教学反思

对本课的教学设计，我主要考虑了以下两点：一是坚决推行“生生为师、合作探究”的教学模式，转变学生的学习方式，让全体学生都参与到学习中来，让学生真正成为课堂的主人；二是突出互联网搜索的作用。所以在每一个环节都有两个板块：以小组为单位合作完成导学案中的问题和通过互联网搜索相关资料。在本课教学中，我主要还是让学生体会学习的乐趣，激发学生的学习兴趣，让学生由“让我学”向“我要学”转变。

（所获奖项：三等奖）

专家点评

这是一份比较不错的教案，主要体现了“以学生为主体，以教师为主导”的教学理念，教师尝试转变学生的学习方式，努力让全体学生都参与到学习中来，让学生真正成为课堂的主人。教学目标符合学生的认知特点，能够明确地指导后续教学活动的进行。

本课教学以国歌导入，通过问题引出本课课题，为后续教学奠定了基础。教师注重让学生开展合作探究，通过导学案帮助学生梳理知识，促进知识框架体系的形成，提高了学生的学习能力，培养了学生的合作意识。拓展提高环节中设置的任务“请你介绍一下北京有哪些著名的旅游景点，并写一篇关于北京旅游的解说词”，有利于将地理知识与学生生活实际相联系。

（点评人：北京师范大学石家庄附属学校　米亚会）

西南师范大学出版社
《青蓝工程》系列丛书目录

系列		序号	书　　名	主编	定价
学科教案评析系列	小学系列	1	《全国优秀学科教案评析·小学品德与生活（社会）》	教育部教育管理信息中心	32.00
		2	《全国优秀学科教案评析·小学信息技术》	教育部教育管理信息中心	32.00
		3	《全国优秀学科教案评析·小学英语》	教育部教育管理信息中心	32.00
		4	《全国优秀学科教案评析·小学数学》	教育部教育管理信息中心	35.00
		5	《全国优秀学科教案评析·小学科学》	教育部教育管理信息中心	35.00
		6	《全国优秀学科教案评析·小学音乐》	教育部教育管理信息中心	
		7	《全国优秀学科教案评析·小学语文》	教育部教育管理信息中心	
		8	《全国优秀学科教案评析·小学美术》	教育部教育管理信息中心	
		9	《全国优秀学科教案评析·小学体育》	教育部教育管理信息中心	
		10	《全国优秀学科教案评析·小学综合实践活动》	教育部教育管理信息中心	
	初中系列	11	《全国优秀学科教案评析·初中化学》	教育部教育管理信息中心	29.00
		12	《全国优秀学科教案评析·初中物理》	教育部教育管理信息中心	30.00
		13	《全国优秀学科教案评析·初中思想品德》	教育部教育管理信息中心	30.00
		14	《全国优秀学科教案评析·初中历史》	教育部教育管理信息中心	
		15	《全国优秀学科教案评析·初中生物》	教育部教育管理信息中心	30.00
		16	《全国优秀学科教案评析·初中信息技术》	教育部教育管理信息中心	
		17	《全国优秀学科教案评析·初中数学》	教育部教育管理信息中心	30.00
		18	《全国优秀学科教案评析·初中地理》	教育部教育管理信息中心	30.00
		19	《全国优秀学科教案评析·初中英语》	教育部教育管理信息中心	30.00
		20	《全国优秀学科教案评析·初中语文》	教育部教育管理信息中心	
		21	《全国优秀学科教案评析·中学体育（初高中合并）》	教育部教育管理信息中心	
		22	《全国优秀学科教案评析·中学美术（初高中合并）》	教育部教育管理信息中心	
		23	《全国优秀学科教案评析·中学音乐（初高中合并）》	教育部教育管理信息中心	
	高中系列	24	《全国优秀学科教案评析·高中思想政治》	教育部教育管理信息中心	
		25	《全国优秀学科教案评析·高中信息技术》	教育部教育管理信息中心	
		26	《全国优秀学科教案评析·高中英语》	教育部教育管理信息中心	

系列		序号	书　　名	主编	定价
学科教案评析系列	高中系列	27	《全国优秀学科教案评析·高中语文》	教育部教育管理信息中心	
		28	《全国优秀学科教案评析·高中历史》	教育部教育管理信息中心	
		29	《全国优秀学科教案评析·高中地理》	教育部教育管理信息中心	
		30	《全国优秀学科教案评析·高中化学》	教育部教育管理信息中心	
		31	《全国优秀学科教案评析·高中生物》	教育部教育管理信息中心	
		32	《全国优秀学科教案评析·高中数学》	教育部教育管理信息中心	
		33	《全国优秀学科教案评析·高中通用技术》	教育部教育管理信息中心	
		34	《全国优秀学科教案评析·高中物理》	教育部教育管理信息中心	
名师新课标落实艺术系列		35	《名师新课标落实艺术：小学语文习作卷》	张文质　周萍	30.00
		36	《名师新课标落实艺术：小学语文阅读卷》	张文质　周萍	30.00
		37	《名师新课标落实艺术：小学语文口语交际与综合实践卷》	张文质　周萍	30.00
		38	《名师新课标落实艺术：小学数学数与代数卷》	黄爱华	30.00
		39	《名师新课标落实艺术：小学数学统计与概率卷》	黄爱华	30.00
		40	《名师新课标落实艺术：小学数学图形与几何卷》	黄爱华	30.00
		41	《名师新课标落实艺术：小学数学综合与实践卷》	黄爱华	30.00
教师专业能力必修系列	小学系列	42	《小学体育教师专业能力必修》	毛振明	28.00
		43	《小学数学教师专业能力必修》	杨玉东　巩子坤	30.00
		44	《小学美术教师专业能力必修》	李力加　章献明	32.00
		45	《小学语文教师专业能力必修》	付宜红	28.00
		46	《小学音乐教师专业能力必修》	金亚文	25.00
		47	《小学英语教师专业能力必修》	鲁子问　王彩琴	25.00
		48	《小学科学教师专业能力必修》	教育部基础教育教材发展中心	25.00
		49	《小学品德、生活与社会教师专业能力必修》	张茂聪　史德志　张新颜	25.00
	初中系列	50	《初中历史教师专业能力必修》	朱汉国	26.00
		51	《初中地理教师专业能力必修》	王民	28.00
		52	《初中数学教师专业能力必修》	杨玉东　黄伟胜	28.00
		53	《初中物理教师专业能力必修》	刘玉斌	25.00
		54	《初中语文教师专业能力必修》	郑桂华	27.00

系列		序号	书名	主编	定价
教师专业能力必修系列	初中系列	55	《初中生物教师专业能力必修》	汪忠	25.00
		56	《初中英语教师专业能力必修》	鲁子问　王彩琴	25.00
		57	《中学体育教师专业能力必修》	毛振明	27.00
		58	《初中化学教师专业能力必修》	刘克文	24.00
	高中系列	59	《高中英语教师专业能力必修》	鲁子问　王彩琴	27.00
		60	《高中历史教师专业能力必修》	朱汉国　陈辉	30.00
		61	《高中地理教师专业能力必修》	林培英	27.00
		62	《高中物理教师专业能力必修》	刘玉斌	27.00
		63	《高中数学教师专业能力必修》	杨玉东　王华	27.00
		64	《高中信息技术教师专业能力必修》	张义兵　李艺	27.00
		65	《高中生物教师专业能力必修》	汪忠	25.00
		66	《高中语文教师专业能力必修》	郑桂华	29.00
		67	《高中化学教师专业能力必修》	刘克文	32.00
		68	《高中通用技术教师专业能力必修》	顾建军	35.00